魂のゆくえ

平田篤胤『再生記聞』を読む

簗瀬 均・著

秋田魁新報社

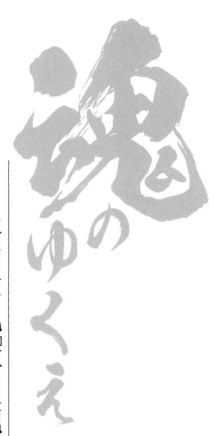

平田篤胤の肖像（高橋萬年画）＝彌高神社蔵

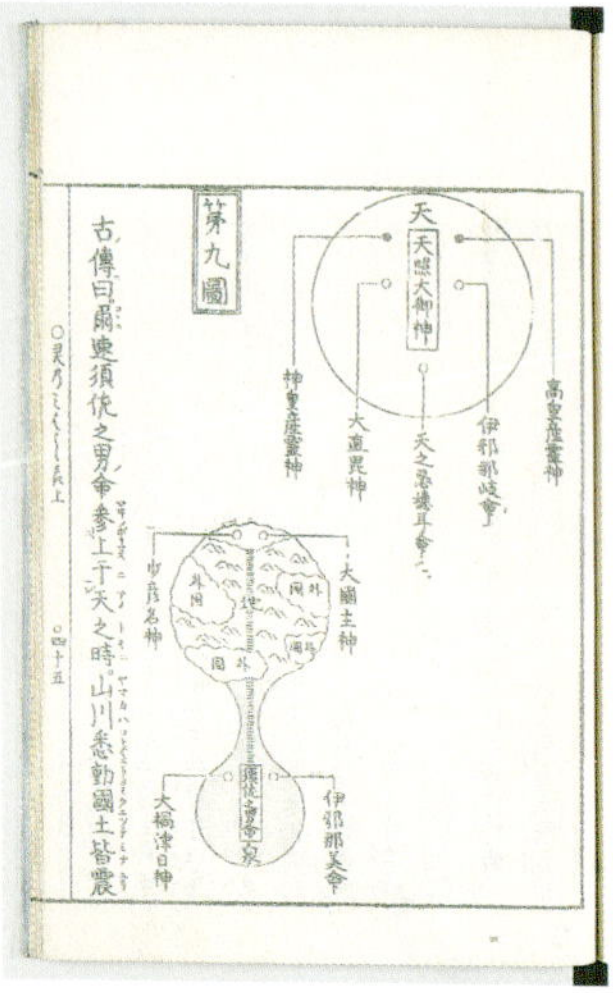

『霊能真柱』第九図。天（太陽）、地（地球）、泉（月）が創生される過程をイメージした図＝国立国会図書館蔵

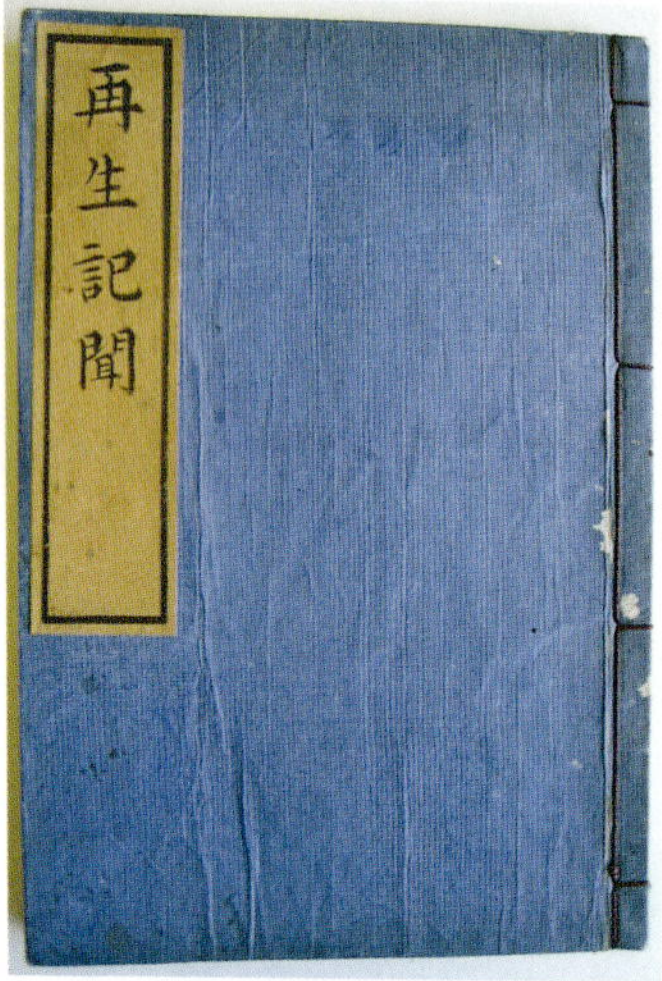

『勝五郎再生記聞』の写本。表紙＝日野市郷土資料館蔵（故清水庫之祐さん寄贈）

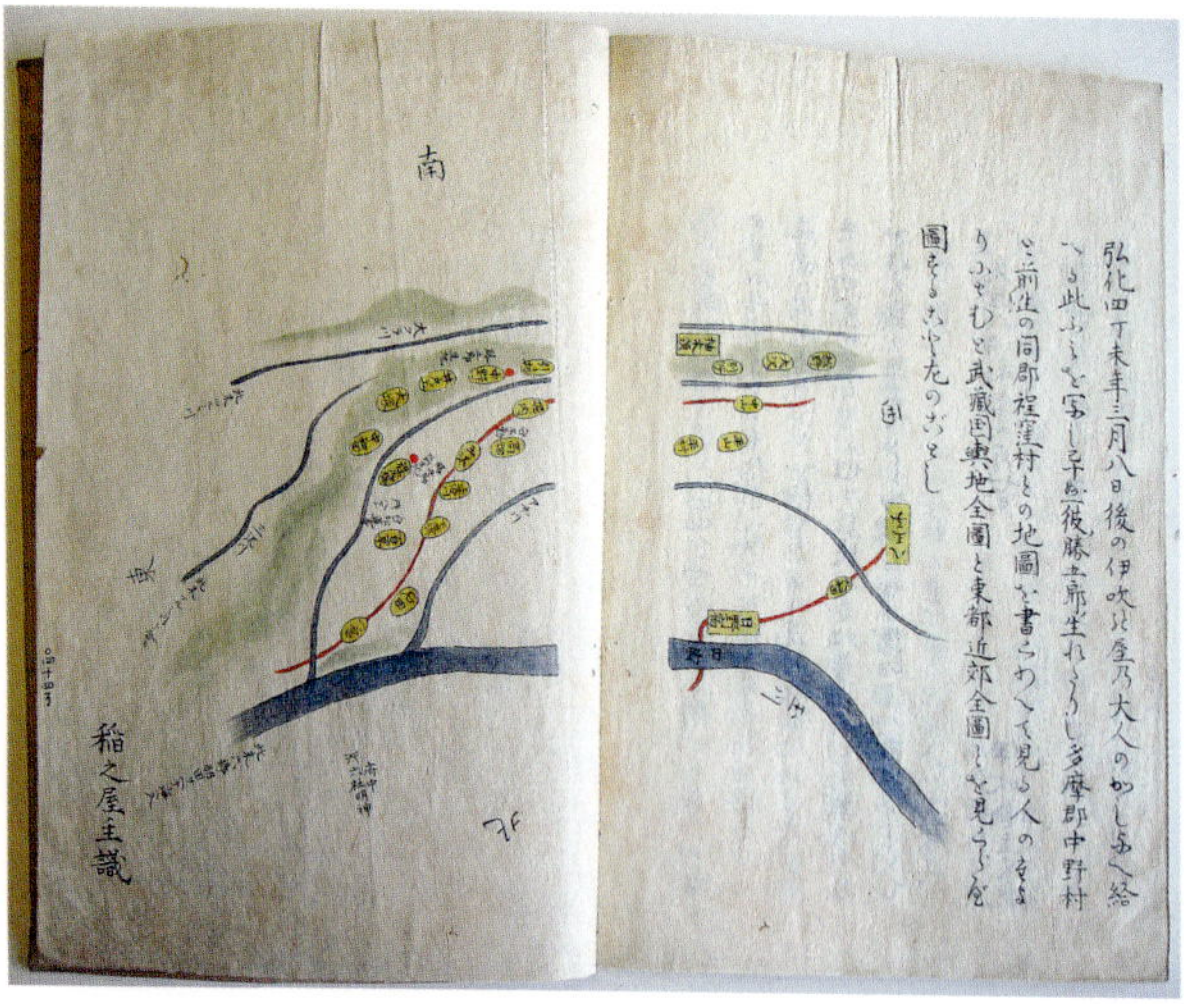

『勝五郎再生記聞』にある絵図。勝五郎の生地「中野村」と前生地「程久保村」の文字が書かれている＝日野市郷土資料館蔵

篤胤伝記絵・色紙装彩色（高橋萬年画）＝彌高神社蔵＝を基に篤胤の生涯をたどる。

学問を志し秋田藩を脱藩。江戸へ向かう途中、船賃が工面できず命がけで川を渡ることも。江戸では生計を立てるため呉服屋の飯炊きもしながら学問に打ち込んだ

妻・織瀬がくず屋から買い取った中にあったのが本居宣長の『古事記伝』。織瀬の薦めで読みふけり心酔、夢の中で宣長の弟子になる

文化9年8月、織瀬が逝く。同年12月『霊能真柱』を著し、魂のゆくえを論じた

『古史成文』『霊能真柱』『勝五郎再生記聞』など著書を朝廷に献上するため、関西に出向く。『勝五郎再生記聞』は御所で読まれ、天皇をはじめ女房たちが大変な興味を示したという

暦に関する著作が、公権力への口出しだとして幕府から著述差し止め、秋田藩への帰還命令が出された

秋田藩では、青年たちを相手に講義をすることがしばしばで多忙を極めた。医師としても活躍したが、病床に伏し68歳の生涯を閉じた

序

時空を超えた魂の物語

大門正幸

　本書の主人公である勝五郎の生誕２００年にあたる２０１５年、縁《ゆかり》の地である日野市では、記念展・講演会・見学会といった記念行事が盛大に行われました。ちょうどその年に秋田魁新報で始まった簗瀬均氏の連載『前世知る少年　篤胤「再生記聞」を読む』は「勝五郎生まれ変わり物語探求調査団」（10年にわたって勝五郎に関する調査を進めてきた地域の団体）が立ち上げたホームページにも掲載され、勝五郎の物語に関心を持つ読者を魅了してきました。その連載がこうして一冊の本として刊行され読みやすい形で読者の元に届けられるようになったことは、大きな喜びです。

　本書で取り上げられている勝五郎の「生まれ変わり物語」は、他の生まれ変わり譚《たん》とは一線を画すさまざまな特徴を持っています。まず第一に、今から200年近くも前の出来事でありながら信頼性の高い記録が残っているため当事者の実在が確認されており、居住地や墓所の所在地も含めその生涯がかなり詳しく分かっていること。第二に、記録が残っていること。したがって、単なる伝説や伝承ではなく実際に生じた出来事であると判断できることが挙げられます。第三に、当事者の子孫が現在もいらっしゃって、しかも互いに交流があること。第四に、縁の地において地域の方々が勝五郎に関する本格的な調査に乗り出し、単なる地域おこしを超えた立派な成果を上げていること。第五に、文豪ラフカディオ・ハーンの手によって英訳され、広く世界で知られるようになった「物語」であること。そして第六に、英訳された勝五郎の物語がひとつのきっかけとなって、人間の心（意識・魂）の永続性を問う新しい学問分野が生まれたことです。

前著『横綱照国物語』と前々著『村守る、命かけても―聖農高橋正作・伝』において簗瀬均氏が見せた旺盛な探究心は、本書においても遺憾なく発揮され、読者は時間的にも空間的にも大きな広がりを持つ勝五郎の物語の全貌について驚きを持って知ることになるでしょう。

また、前掲書に見られた、人と人との絆《きずな》に向けられる簗瀬氏の愛溢《あふ》れる温かい眼差《まなざ》しは、本書においても随所に見られ、勝五郎やその関係者が演じる人間ドラマを通して、読者の胸を熱くすることでしょう。
いろいろな意味で日本の宝と言うべき勝五郎の物語が簗瀬均氏の手による本書を通して、さらに多くの人に知られるようになることを確信しています。

2017年5月

（中部大学教授、バージニア大学客員教授、人文学博士）

目次

■平田篤胤略伝

■魂のゆくえ

――平田篤胤『再生記聞』を読む――

民俗学者の草分け——霊魂に強い関心抱く

国学の四大家と称された平田篤胤《ひらたあつたね》（1776〜1843年）は「復古神道」を鼓吹した。篤胤の説いた勤皇思想は明治維新の精神的な支柱となった一方、国粋主義的な思想として日露戦争、太平洋戦争などにも影響を与えたとされる。

だが篤胤が唱えた「復古神道」は、儒教や仏教などの影響を受ける前の日本民族固有の精神に立ち返ろうという純粋な思想であって、江戸幕府を排除したり、外国との戦争に関わるものではなかった。

民俗学者・折口信夫《おりくちしのぶ》（1887〜1953年）は篤胤を、国学者以上に民俗学者の草分け的存在として学術面から高く評価した。

戦争中の1943年に折口が講義した「平田国学の伝統」（中央公論新社の新編集決定版・折口信夫全集）で篤胤を次のように評している。（筆者が現代仮名遣いに改めた）

「篤胤先生の学問に広い気風を感じる。何か非常に大きく、広い掌《てのひら》をもって学問の徒弟を愛撫《あいぶ》しているような感じだ。（中略）篤胤先生という人は天狗《てんぐ》の陰間《かげま》（修業中の少年歌舞伎俳優）みたいな子供を傍らにおき、一生懸命聴いて、それを疑っていない。事細かに書いている。篤胤先生の学問も疑わしくなるくらい疑わずに、一心不乱に記録している。そういう記録になると篤胤先生の文章がうまい」

本居宣長をはじめ国学者は、古典の文献解釈をよりどころとする「文献絶対主義」であった。宣長にとっては『古事記』が絶対の聖典だった。

だが篤胤は、わが国の古典をはじめ、幕府禁制のキリスト教や西洋天文学まで広範囲に文献解釈しながら、民間伝承や聞き取り調査も重視した。こうした学問の手法を取った篤胤を、折口は民俗学者の草分けだと高く評価した。

東日本大震災では多くの命が失われた。その悲しみやショックの大きさを物語るのか、今でも幽霊を見たという証言が後を絶たない。カウンセリングに当たった医師たちは幽霊について「脳が疲れて幻覚を見たのだろう」と被災者を励ます。ところが被災者は納得せず、悩みは解決されなかった。

こうした現状を受け、東北大学宗教学研究室は、被災者の話を傾聴し、心のケアを図るため「実践宗教学寄付講座」を２０１２年４月に設置した。被災者の心をケアする宗教者を養成する講座である。

そこでは「現れた幽霊にどんな意味があるのか」という問いに答え、被災者の心をケアする方法を学ぶ。宗教者なら被災者の「霊的な現象」に向き合えると考えたからだ。

果たして亡くなった人々はどこへ行くのか。無になったのか。残された家族や縁者の思いは計り知れない。悟りに到達したような聖人でない限り、「死」というものを理屈の上では理解しても、その得体の知れない不安や底無しの恐怖からは逃れられないのが現実だ。けれども、もしも魂が存在し、またこの世に生まれ変わるなら、亡き人も残された人々にも一縷《いちる》の望みとなろう。

篤胤は「死後の霊魂の行方」に強い関心を寄せた。霊魂をテーマとした著作が幾つもある。その中で「前世知る少年」を記録した『勝五郎再生記聞』は、実在の人物からの詳細な聞き取りという手法を取った異彩を放つノンフィクションである。

殿様が取材に訪問――愛娘の再生願う親心

文政5（1822）年11月のある日、武蔵国多摩郡中野村（東京都八王子市東中野）の勝五郎《かつごろう》という8歳の少年が、一緒に遊んでいた14歳の姉に向かって「お姉ちゃんは、今の家に生まれ変わる前、どこの家の子だったの」と尋ねた。驚いた姉が「そんなこと知らない」と言うと、勝五郎は「おらは、程久保村《ほどくぼ》（東京都日野市程久保）の久兵衛の子で藤蔵だった…」と答えた。

これが前世を知るという勝五郎が語る話の始まりである。この後、勝五郎の証言が事実であることが次々と確かめられていく。うわさは江戸まで広がり、徳川家康の子孫の一人である池田冠山《かんざん》という元大名が、勝五郎の家に自ら取材に来る。隠居したとはいえ殿様の訪問を受けた勝五郎は恐れ多くて何も話せず、祖母が勝五郎から伝え聞いた話を冠山に伝えた。

冠山はペンネームである。本名は池田定常《さだつね》（1767〜1833年）といい、若桜藩《わかさ》（鳥取藩支藩）第5代藩主。文人大名として知られる。冠山には大変かわいがっていた娘露姫がいたが、文政5（1822）年11月27日に逝去した。

8歳の勝五郎が前世の記憶を語り始めたのも同年11月。露姫も勝五郎の前世とされる藤蔵も、同じ6歳で疱瘡《ほうそう》（天然痘）にかかって亡くなっている。冠山は、露姫が勝五郎のように、誰かの子として生まれ変わるかもしれないと期待しながら取材したのだろうか。

勝五郎の前世とされた藤蔵の生家である小宮家には、長年にわたって誰なのか分からない位牌《いはい》が祭られてきた。戒名は「浄観院殿玉露如泡大童女」。２００７年、日野市の「勝五郎生まれ変わり物語探求調査団」が、池田冠山ゆかりの鳥取県雲龍寺を訪問。そこで露姫の戒名の刷り物と覚書を見つけた。

小宮家にある位牌と同じ戒名が書かれており、冠山が露姫の菩提《ぼだい》を弔うために戒名の刷り物を、縁者に配布していたことが分かった。娘の再生を祈る冠山の親心が伝わってくる。

池田冠山が聞き取ってまとめたのが『勝五郎再生前生話《ぜんしょうばなし》』である。勝五郎の再生譚《たん》は、篤胤の『勝五郎再生記聞《きぶん》』（文政6年6月）によって広く知られたが、冠山の『前生話』（同年3月）の方が3カ月早く世に出た。

後に勝五郎再生譚が紹介された近世の資料は13点ほどあるが、最も早い『前生話』を引用したり参考にしたりしている。

冠山の『前生話』は江戸の文人や学者の間で評判になった。文化文政期（１８０４～30年）は、文人たちが不思議な怪奇現象などに関心を示した時代。『南総里見八犬伝』などで知られる読本《よみほん》（小説の一種）の作者滝沢馬琴（1767～184年）は、文政8（1825）年、同好の仲間を集めて「兎園会《とえん》」を催し、奇事異聞を披露し合って『兎園小説』にまとめた。

こうして「前世知る少年」の話に多くの文人が注目し、大きな話題となった。これによって勝五郎が暮らす中野村の領主多門《おかど》伝八郎が、放っておけないとして勝五郎親子を江戸に呼び出し、事の真偽を問いただすことになった。多門は取り調べた内容を報告書にまとめ、上役である御書院番頭（将軍の直属親衛隊、多門の上司）佐藤美濃守へ提出した。

なお元禄赤穂事件で、浅野長矩《ながのり》の取り調べと切腹の副検死役を務め、その様子を詳しく『多門筆記』に記録したのが、幕府目付多門伝八郎（1658～1723年）である。勝五郎親子を取り調べた多門伝八郎は、その子孫に当たる。

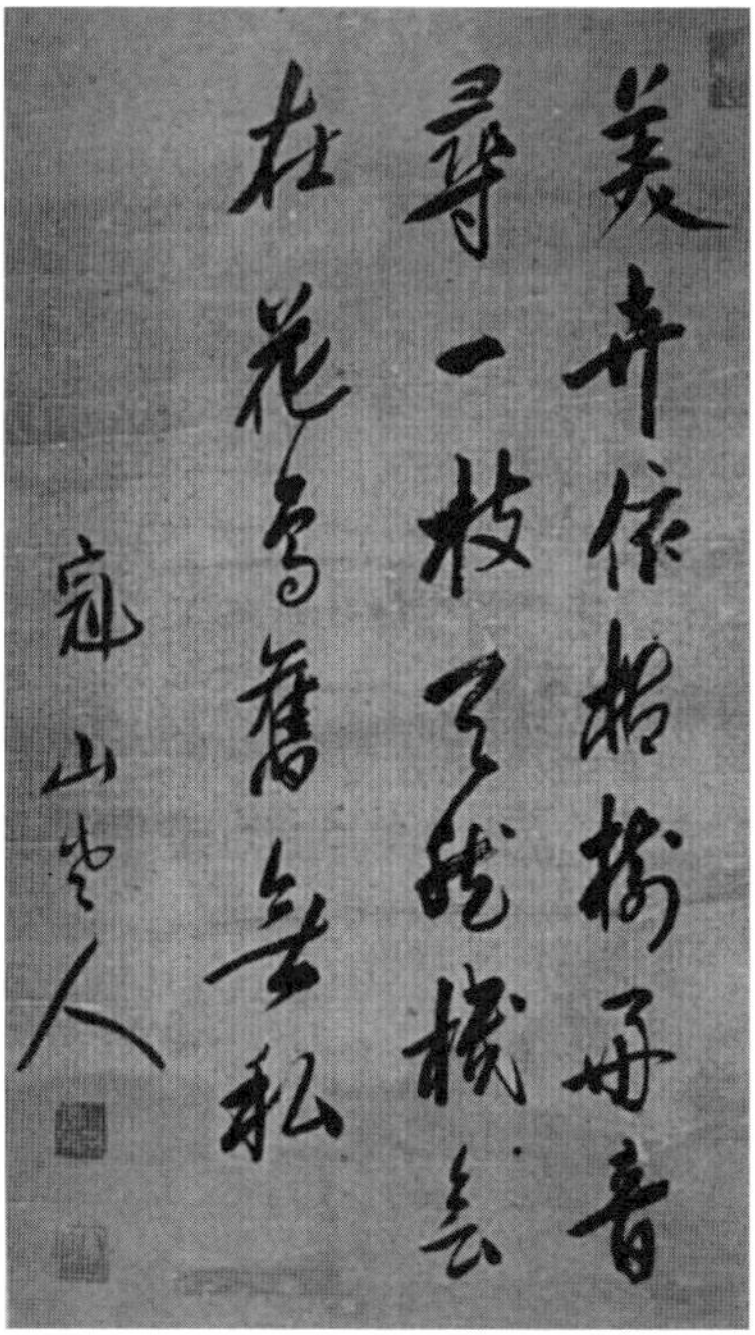
文人大名池田冠山の書。「梅の花が古木に咲くころ、鴬（うぐいす）はさえずる枝を探す。自然が織りなす季節の中で、梅と鴬に私心がない」という内容＝日野市郷土資料館所蔵

霊魂の行方を探究――妻への思いと重ねる

妻織瀬《おりせ》は、平田家の家計を切り盛りし、篤胤の研究生活を支えた。だが1812（文化9）年、病にかかり数え年31歳で逝った。篤胤が「前世知る少年」の存在を知り霊魂の行方を探究することになったのは、妻への思いと重ね合わせたからなのだろうか。

篤胤は、文政6（23）年4月22日から25日にかけて勝五郎を自分の学舎に招き、直接本人から話を聞き取った。篤胤は1人で聞き取るのではなく、学舎の友人や知人、門弟の協力を得て、複数の耳と目で判断し、記録している。同年6月には『勝五郎再生記聞』として出版。同年8月、著書は仁孝《にんこう》天皇や光格上皇に献上され、御所や都で大変な話題となった。

『再生記聞』は、多門《おかど》伝八郎が取り調べた内容から記されている。前世の記憶を事実だと認めた幕府のお墨付きを得て、篤胤の聞き取りが始まったのである。

（以下の『再生記聞』は著者による口語訳）

これは武州《ぶしゅう》（東京埼玉周辺）の地頭（領主）多門伝八郎が1823（文政6）年4

月19日に、御書院番頭佐藤美濃守へ提出した届書の写しだ。以下は届書の内容。

私（多門）の知行所（領地）武州多摩郡中野村（東京都八王子市東中野）の百姓源蔵の倅《せがれ》勝五郎は、去る午《うま》年（同5年）8歳の秋、姉に向かって前世から生まれ変わったいきさつを話した。でも姉は幼い子供の話だから、まともに取り合わなかった。それでも勝五郎が、たびたび生まれ変わり話を繰り返すので、姉は不思議に思って父母に相談した。

この年12月、あらためて父源蔵が勝五郎に尋ねたところ、前世の父は同国同郡小宮領程久保村（東京都日野市程久保）の百姓久兵衛（後に藤五郎と改名）。勝五郎の前世は、久兵衛の息子で「藤蔵」といった。藤蔵が2歳のとき実父久兵衛が病死。母は半四郎（継父）と再婚。自分（藤蔵）は6歳のと

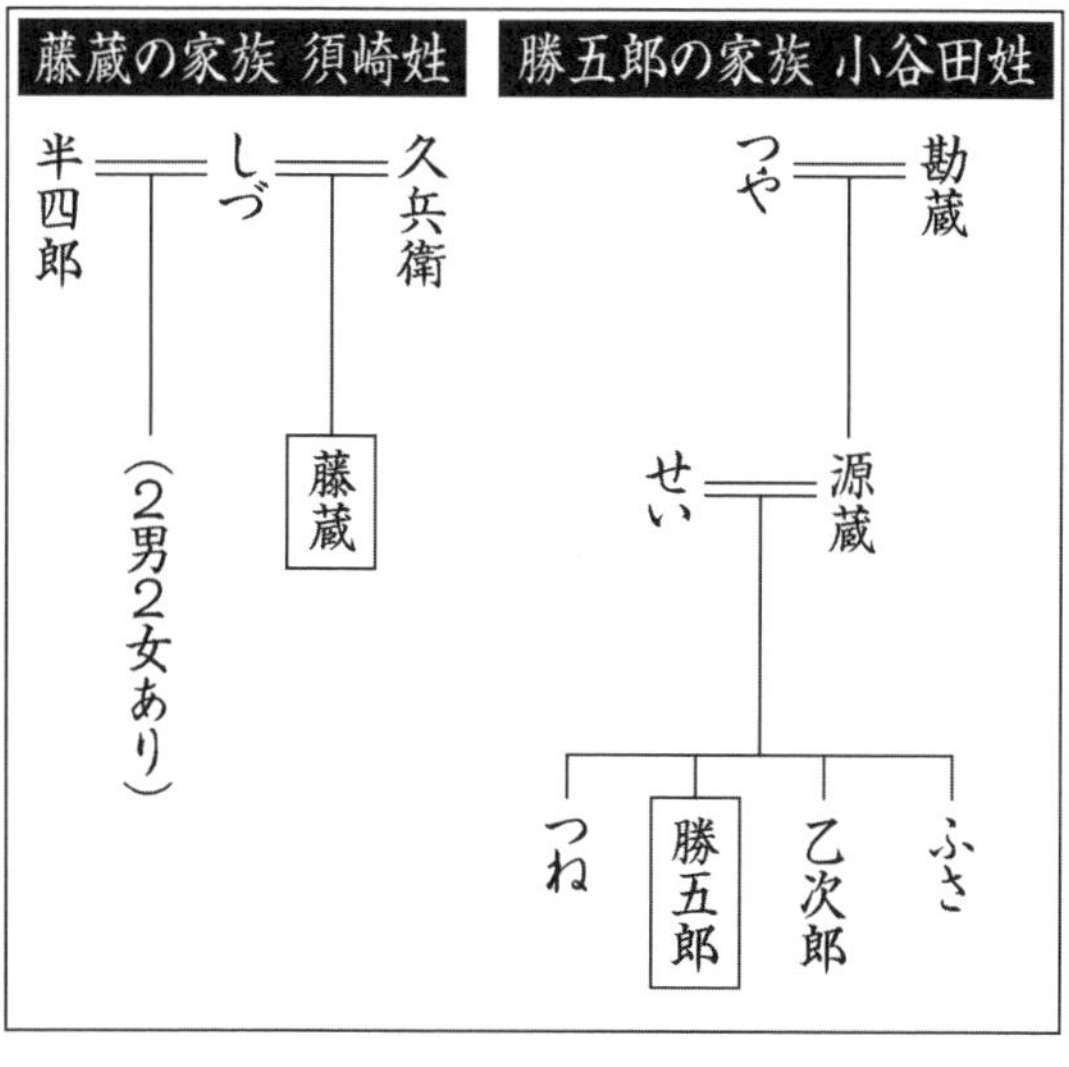

き、疱瘡《ほうそう》に罹《かか》り病死したという。

それから藤蔵は源蔵の家に生まれ変わったと言った。その話の内容が詳細で正確だったため、村役人に申し出て再度調べた結果、村中の評判になった。程久保村の継父半四郎の家にも話が伝わり、半四郎の知行所役人が、源蔵の家へ訪ねて来て調べたところ勝五郎の話に偽りはなかった。勝五郎が前世の父母の顔かたちや住居なども話したので、勝五郎を程久保村の半四郎の家に連れて行って確かめたところ、全く相違なかった。

程久保村の家族に対面させると、以前6歳で病死した藤蔵という子供が確かにいたことが判明。以降今春まで家族ぐるみで仲良く付き合ってきた。このことは近村にも知られ、最近は毎日、勝五郎を見物に諸所から訪れる者がいるので、知行所が勝五郎親子を呼び出して調べたところ、右の通りの内容を勝五郎親子が語った。このことをもってむやみに世間の騒ぎを抑えるのは何かと取り扱いにくいが、表立てず御耳打ちする次第である。以上、4月、多門伝八郎。

中根宇右衛門殿知行所、武州多摩郡小宮領程久保村百姓、実父藤五郎（久兵衛）、継父半四郎。藤蔵、1805（文化2、乙丑《きのとうし》）年出生。10（同7、庚午《かのえうま》）年2月疱瘡

を病み、4日昼四ツ時ごろ（9～11時）死去。享年6。葬地は同村の山。菩提《ぼだい》所は同領三沢村禅宗医王寺。去る22（文政5、壬午）年に13回忌を迎えた。

藤蔵継父、半四郎当未50歳。藤蔵母、しづ当未49歳。

半四郎子、藤蔵。異父弟妹、男子2人女子2人。

藤蔵実父、藤五郎、若いころの名は久兵衛。文化3丙寅年、藤蔵2歳の時48歳で死去。半四郎が入り婿となり家を相続。

勝五郎の前世とされる藤蔵の実父「藤五郎」は、代々当主に付ける名だったようだ。実母しづは日野本郷下河原（日野市日野）出身で藤五郎の後妻。継父半四郎は、平村（日野市南平）出身。藤蔵の両親は日野近辺の出身であり、後に生まれ変わったとされる中野村とは縁がない。

『勝五郎再生記聞』の写本。表紙＝日野市郷土資料館所蔵（故清水庫之祐さん寄贈）

「生まれ変わり」告白——家族には理解されず

幕府旗本多門《おかど》伝八郎による取り調べは、前世とされる藤蔵の家族から、勝五郎の家族にまで及ぶ。多門は上司である御書院番頭に経緯を報告し、「勝五郎が文化12（1815）年10月10日に再生した」と明記した。平成27（2015）年は勝五郎生誕200年に当たる。

多門伝八郎殿の知行所（領地）武州多摩郡柚木《ゆぎ》領中野村（東京都八王子市東中野）の百姓源蔵の次男、当未《ひつじ》9歳、勝五郎は文化12年乙亥《きのとい》年10月10日再生した。前世は、程久保村藤五郎（最初の名は久兵衛）の子藤蔵だったが、6歳のとき疱瘡《ほうそう》（天然痘）で病死した。文化7年に死去して6年目のことだ。

勝五郎の父は小谷田氏という。源蔵、文政6（23）年当時49歳。源蔵妻、勝五郎母せい、39歳。勝五郎母せいの父は、尾州家（尾張徳川家）の家来で村田吉太郎。せいが3歳のとき、吉太郎は訳があって浪人になり、文化9（12）年10月10日56歳で死去したという。

源蔵母、勝五郎祖母つや、72歳。源蔵娘、勝五郎姉ふさ、15歳。源蔵長男、勝五郎兄乙次郎14歳。源蔵娘、勝五郎妹つね4歳。〈以上が地頭（領主）である多門伝八郎が、幕府の御書院番頭へ提出した届書の写し〉

この後『再生記聞』は、気後れして話したがらない勝五郎を、なだめすかしながら聞き出す篤胤。そのやりとりを親友の国学者伴信友《のぶとも》（1773〜1846年）が記録している。後に篤胤は、信友と不仲になる。

去る文政5（22）年11月ごろ、当時8歳の勝五郎は、姉ふさや兄乙次郎と一緒に田んぼの辺りで遊んでいた。勝五郎は兄に向かってふと「兄さんは、元はどこの誰の子で、この家に生まれてきたの？」と尋ねた。兄が「そんなこと知るはずがないだろ」と答えると、勝五郎は今度姉に向かって同じような質問をした。

姉が答えて「生まれる前に、どこの誰の子だったかなんて、どうやって分かるの？おかしなことを質問するね」と大きな声を上げた。それを聞いて勝五郎は、なおも納得できない様子だった。勝五郎が再び尋ねた。「それなら姉ちゃんは生まれる前のことは知らないのか」

姉が聞き返した。「おまえは知ってるのか」。勝五郎は答えた。「おらは、よく覚えている。元は程久保村の久兵衛という人の子供で藤蔵だった」。姉は勝五郎が変だと思い、このことを父母に告げようかと言うと勝五郎はたいそう謝り、「親たちに言わないでほしい」と泣いた。姉は「それなら言わない。ただ悪いことをして止めても聞かないときは絶対に言いつけるよ」と約束して、その場は収まった。

その後もけんかをするたびに、姉が「あのことを（両親に）伝えるよ」と言うと勝五郎は、すぐおとなしくなった。この様子をいぶかしく思った両親と祖母は、勝五郎の姉に何のことかを尋ねたが、姉は隠して話さなかった。

勝五郎が親に隠れてどんな悪いことをしているのかと心配した両親は、勝五郎に分からないようにして、ひそかに姉を自白させようとした。姉はついに隠し切れず、ありのままに語ったが、両親と祖母は疑いを一層深めるばかりだった。そこで勝五郎本人を、なだめすかして尋ねると、しぶし

兄や姉に前世を語る勝五郎＝『ほどくぼ小僧、生まれ変わりの勝五郎』より（日野市郷土資料館発行）

ぶと語り始めた。

「おらは、もと程久保村の久兵衛の子で、母親の名は、おしづといった。おらが小さいときに久兵衛は死んで、その後、半四郎という人が来て、おらの継父になって、かわいがってくれた。でも、おらは6歳の時に死んだ。その後、今の家の母親の腹に入って生まれ変わった」と言った。

そうは言うものの幼い子供のたわいのない戯《たわむ》れごとのように受け取られた。しかも信じがたい内容だったので、まともに相手にされず時が過ぎていった。

小泉八雲が海外に紹介――米での研究の契機に

勝五郎の再生話は、海外にまで伝わっている。

時代は下るが明治30（1897）年、小泉八雲（1850～1904年）が随想集『仏の畠の落穂』に「勝五郎の転生」を著し、米ボストンとニューヨークで発売した。題名にある「仏の畠」とは「仏国土」、つまり「仏の国」の意味だ。八雲は、勝五郎が仏の力で生まれ変わったと考えたのだろう。

大切な人を亡くすと、この世に生まれ変わってほしいと願う人は多いだろう。実際に生まれ変わった話があるのなら、詳しく聞くために、その人に会ってみたいと思うのは自然なことだ。八雲は、そうした日本人の心情に共感し、勝五郎の再生話を海外に紹介したように思える。

八雲は日本人の宗教的な心情を資料に基づいて紹介した。資料としたのは『椿説集記』である。同書は、江戸芝車町（港区）の南仙波という人物が、文政6（1823）年から天保6（35）年にわたって奇事異聞を入手して書き写した著作だ。八雲が書いた内容からして、池田冠山の『勝五郎前生話』を基に集録したものと思われる。

「勝五郎の転生」の記述は、伝道者の雨森信成《あめのもり》（1858〜1906年）が、八雲に明治天皇の側近佐々木高行（1830〜1910年）の蔵書『椿説集記』を紹介したことによる。雨森は八雲晩年の親友であり、八雲没後の明治39（1906）年に『人間ラフカディオ・ハーン』という評伝を英文で発表したが、この中で「勝五郎の転生」執筆の経緯を紹介している。（『日野市郷土資料館紀要第3号』、小泉八雲『勝五郎の転生』をめぐる研究課題について、北村澄江、2008年）

「生まれ変わり現象」の先駆的研究者として知られるのが元米バージニア大学教授のイアン・スティーブンソン博士（1918〜2007年）である。研究に携わるようになったきっかけの一つが、八雲が紹介した勝五郎の事例だったようだ。スティーブンソン博士の著書『前世を記憶する子どもたち2　ヨーロッパの事例から』の訳者笠原敏雄氏（心理学者）は、同書のあとがきで次のように述べている。

「著者は1957年にバージニア大学医学部精神科の主任教授に就任した。39歳だった（同大学は、アメリカ独立宣言で有名なジェファーソン大統領が創設した名門）。間もなく関心があった生まれ変わりの実例を、世界中のさまざまな資料から44例も探し出し、そのうちの7例を要約して紹介した。その第一例が小泉八雲が英語で紹介した『勝五郎』の事例だった。その勝五郎について書いたスティーブンソンの論文を見た人から、資金援助を受け、１９６１年にインドへの調査旅行に出かけたのが、生まれ変わり研究の出発点になった」

その後、スティーブンソン博士が率いるバージニア大学医学部の研究グループは、東南アジアを中心に、前世の記憶を持つとされる子どもたちの事例を２６００以上集めている。

スティーブンソン博士の研究は、月刊の科学雑誌としては最も古い『神経・精神病学雑誌Journal of Nervous and Mental Disease』に掲載され、特集が組まれた。当時の編集長ユージン・B・ブロディ教授は「特集を組んだ理由は、執筆者が科学的にも個人的にも信頼に足る人物であり、正当な研究法をとっており、合理的な思考をしているからである」とコメントを残している。特集が掲載された後、スティーブンソン

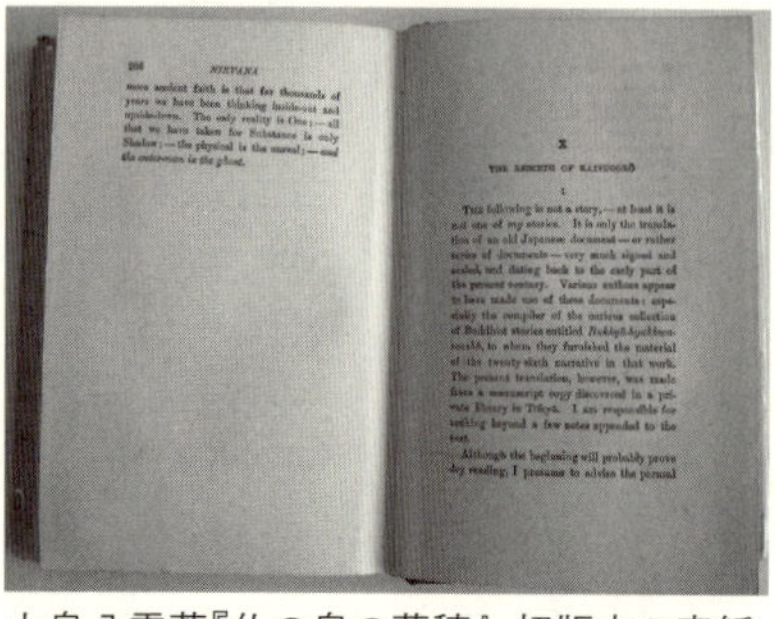

小泉八雲著『仏の畠の落穂』初版本の表紙（上）と本文＝日野市郷土資料館学芸員・北村澄江さん所蔵

博士の下に世界中の科学者から、論文の別刷りを請求する手紙が約千通届いたとされる。

勝五郎再生話に端を発した「生まれ変わり現象」は、小泉八雲によって海外に紹介され、それを知ったイアン・スティーブンソン博士によって本格的な研究が始まった。それがバージニア大学医学部に引き継がれ、現代の研究に至っている。

不可思議な記憶――死後の出来事を語る

文政5（1822）年11月ごろ、勝五郎は前世の記憶を家族に語ったが、誰からも相手にされなかった。それなのに今度は、前世の両親に会いたいとせがむようになった。

母は4歳になる勝五郎の妹に乳を毎晩飲ませるため、勝五郎の世話をできず、夜はいつも祖母が勝五郎と添い寝をしていた。ある晩、勝五郎は「程久保村の半四郎の家に連れていってほしい。あちらの両親に会いたい」と言った。

祖母は、勝五郎が変なことを言うと聞き流していたが、その後も前の両親のもとに行きたいとせがむので、「それなら、ここに生まれるまでのことを、始めから詳しく話してごらん」となだめて尋ねた。勝五郎はたどたどしくも、これまでのいきさつを詳しく語り、「両親以外には、絶対に言わないでほしい」と重ね重ね祖母に約束させた。

〈この話は文政6（23）年4月25日に気吹舎《いぶきのや》（平田篤胤の学舎）で聞いた。かつてある人（池田冠山）が勝五郎の祖母を尋ねて書き取った内容は知っていたが、今回は

さらに勝五郎とその父に、始めから終わりまでの経緯を尋ねて聞いた内容である〉※伴信友の注釈

勝五郎は言った。「前世のことは4歳くらいまでよく覚えていたが、だんだん忘れてしまった」

米バージニア大学医学部知覚研究所の調査では、前世の記憶を話し始める最年少が0歳からで、多くは3〜4歳で話し始め、7〜8歳ごろから記憶を失うという。

おらは病気のために死ぬ命ではなかったが、薬を飲まなかったので死んでしまった（疱瘡《ほうそう》だったことは知らなかった。後に人がそう言っていたのを聞いて知った。死んだときは文化7年2月4日に当たる）。

勝五郎は、何の病気か分からないまま死んだのに、後に病名を知ったという。以降、勝五郎は亡くなってからの記憶を語る。

この世に生まれてくる前の世のことを一般には「前世」と呼ばれる。しかし魂（意識）を研究する学会では、「過去生記憶」と「中間生記憶」という用語を使っている。

「過去生記憶」とは、前の人生の記憶のことを指す。前の人生で生まれてから亡くなるまでの記憶のことである。

前の人生で亡くなってから生まれ変わるまでの記憶をもつ子供たちもいるという。つまり死後の世界である。この死後の出来事についての記憶を「中間生記憶」と呼ぶ。

通常は亡くなったら身体が機能しないため、記憶など残らないはずである。それなのに、自分の葬儀の様子を上から見ていた、お花畑に行った、神仏のような存在に導かれたといった、前の人生では体験できないような、不可思議な死後の記憶が語られる。

バージニア大学医学部知覚研究所で同大客員教授の大《おお》門《かど》正幸博士は、生まれ変わりの膨大な事例から中間生記憶の有無を調べた。過去生記憶をどれほど鮮明に覚えているかについても調査した。

その結果、生まれ変わったという子供たちは、過去生記憶ばかりでなく、中間生記憶を持つ場合が少なくなかった。過去生記憶が事実と一致し鮮明で正確なほど、中間生記憶も鮮明に覚えている傾向が見られた。（2014年

世界文化遺産に登録されているバージニア大学
＝大門正幸博士提供

11月京都大学における人体科学学会での大門博士の発表）

中間生記憶を持つ子供たちが少なくないとはいえ、死後の世界は、果たして存在するのだろうか。また肉体のない死者に魂（意識）はあるのだろうか。

死後に抜け出た魂——肉体とは別に存在か

勝五郎は、前世で亡くなる時の様子や、棺桶《かんおけ》に入れられ肉体から抜け出る体験を鮮明に記憶していた。肉体が機能しなくなった少年に、死後の記憶が残っていることは、「魂（意識）の存在」につながるのだろうか。

息が絶えたときは、何の苦しみもなかったが、その後しばらく苦しい思いをした。それが過ぎると苦しいことはまったくなかった。自分の体が棺桶の中に強く押し込められたとき、棺桶から飛び出して人々のそばに来ていた。

米バージニア大学が集めた膨大な事例には、勝五郎のように、死後の体験を語る内容が多い。現代のわが国においても、亡くなった後の記憶を持つ少年がいる。

バージニア大学客員教授の大門正幸博士は、英スコットランドにおける「過去生の記憶」を持つ関西在住のＴｏｍｏ君という少年（２０００年1月生まれ）を、10年6月と7月にわたって調査した。

Ｔｏｍｏ君は5歳の時、「１９９７年10月24日から25日の間に（スコットランドで）死んだ」と発言した。

その後、日本の母が「どうしてＴｏｍｏ君、死んだって分かったん?」と質問すると、Ｔｏｍｏ君は「イギリスのお母さんが困った顔をしてた。（Ｔｏｍｏ君が亡くなったので6人家族から）５人になってしまったわねぇとか言ってた」と答えた。

母が続けて尋ねた。「えっ？ Ｔｏｍｏ君、見えたん?」。Ｔｏｍｏ君が答えた。「うん、するとＴｏｍｏ君を土に埋めてしまった」。母が聞いた。「それからＴｏｍｏ君、どうしたん？」。「滑り台みたいな25階のエレベーターに乗ってるみたいな感じの事してた」と答えた。（『人体科学』第20巻第1号　大門正幸博士　２０１１年6月）

「25階のエレベーターに乗ってるみたいな感じ」とは、魂が身体から抜け出て、浮遊している様子を表しているのだろうか。

いずれにせよ勝五郎の過去生とされる藤蔵もＴｏｍｏ君も亡くなって脳が機能しなくなった後の「死後の様子」を鮮明に記憶している。

魂が脳の働きによってのみ機能すると考えるなら、こうした事例は説明しにくいだろう。脳が機能しないときも魂はあるのだろうか。そしてあるとすれば、どこにあるのだろうか。

バージニア大学教授だった故イアン・スティーブンソン博士は、魂が脳などの肉体とは別の場所に存在すると考えた。そして魂を入れる器を「心搬体（psychophore）」と名付けた。

ノーベル賞受賞者も輩出している米アリゾナ大学の心理学科教授ゲイリー・シュワルツ博士は、魂が物理的に実在するかどうかを、光子（光の粒子）を検出する機械で実験した。ミディアム（霊媒者）によって霊を招いた場合と、招かない場合の光子の量を比べて測定した。すると霊を招くと、光子の量が増加した。これによって魂が、光子と関係していることを結論づけた。（参考『人体科学』第23巻　大門正幸博士　２０１４年）

魂の物理的な計測においては、１９０７年に米国マサチューセッツ州の医師ダンカン・マクドゥーガル博士（１８６６〜１９２０年）が発表した、死後に体重が減少したという論文がある。

この実験結果については、批判が少なくない。だが大門博士によると、多くがマクドゥーガル博士の原著を読んでいない人たちだった。博士の論文を綿密に検討したある研究によれば、博士の研究結果は現在の水準から見ても十分厳密で科学的であるという。魂の物理的実在を全く否定することもできないのではないか。

さて『再生記聞』は、この後、肉体を抜け出た少年の魂が、自分の棺《ひつぎ》の上に乗って山の墓地へ向かう。

山へ葬りに行った時は、白く覆われた龕《がん》（ひつぎ）の上に乗っていた。棺桶を穴へ落として入れる時に、大きな音がして驚いた。今もよく覚えている。

池田冠山著『前生話』にも「葬るため穴を掘って壺《つぼ》を落とした時、どんという音がした。よく覚えている」とある。土の中に棺桶を埋めた時の大きな音が、少年の魂に鮮烈に響き記憶されたようだ。魂は音に敏感なのだろうか。

棺桶から抜け出る勝五郎＝『ほどくぼ小僧、生まれ変わりの勝五郎』より（日野市郷土資料館発行）

生まれ変わりの導き手——不思議な老人が誘う

平田篤胤は復古神道を唱え、外来の仏教や儒教などの影響を受ける前の日本民族固有の精神に立ち返ろうとした。『古事記』や『日本書紀』などの古典にある日本古来の神の道に戻ろうとしたのである。そのため篤胤は仏教を排斥し、『再生記聞』でも僧を批判した。一方で篤胤は、文政3（1820）年『鬼神新論』で「神の道においては、仏の供養も当然行うべきだ」と述べている。また篤胤の仏教研究の業績が永平寺の高僧に称賛され生前に法号を授与され、さらに宗派にこだわらず広く高僧たちとも交際している。

（お坊さんは尊く、お経を読み念仏を唱えれば、死者がよい国に生まれるという。その時、おまえは地獄・極楽を見たか、と聞かれたが）、お坊さんたちがお経を読んでも、おらは何とも思わなかった。お坊さんたちは銭金が掛かるけど役に立たなかったので憎らしく思い、おらは家に帰った。家に帰ってからは机の上にいたが、人に話し掛けても、おらの声が聞こえない様子だった。

勝五郎の前世とされる藤蔵と似ている事例が、海外にもある。タイの修道僧（修道院で共同生活する男性）チャオクン・ラジスタジャルンは、母方の伯父であった自分の過去生（前の人生）を記憶していた。そして死亡後に、自分の葬儀に出席していた中間生（死後の記憶）もあった。「その時、自分が軽くなった気がして、どこへでも簡単に移動できるように感じられた。自分が葬儀を進行しており、弔問客を迎えていた気もするが、自分の姿が参列者には見えず、その場にいる自分が全く気づかれないまま葬儀が進められていた」と語っている。（イアン・スティーブンソン『前世を記憶する子どもたち』、日本教文社、1990年）

続く『再生記聞』には、生まれ変わりに関わる重要な人物が現れる。

その時、白髪を長く垂らし、黒い着物を着た老人が「こっちへ来い！」と言うので、誘われるまま、おらは老人の後を追い、どことも分からない、だんだんと奇麗な芝が生えている草原に行って遊んだ。

池田冠山著『前生話』には「何とも言いようがない爺様《じいさま》のような人が来て連れて行かれると、空を飛んで歩いて、昼も夜もなしに、いつも日暮れ方のようだっけ。寒くも暑くもひだるくもなかった。いくら遠くにいても内で念仏を唱える声と何か話す声が聞こえた」とあり、老人に誘われて空を飛ぶ様子が描かれている。

『前生話』から、およそ1カ月後の文政6（1823）年4月12日に書かれた肥前（長崎県）平戸藩の元藩主松浦《まつら》静山（1760～41年、明治天皇の母方の曽祖父）の随筆集『甲子《かっし》夜話』には、「葬送の時、瓶に入れてから棺に入れられ、葬るときに棺だけが埋葬されて、おらは棺に上がって見物していた。それから、たいそう広い野原に来ていた。そこに地蔵様と老人がいた。2人はおらを所々へ連れて行った。四季の草花が咲き誇り、山谷海川などの絶景は言

老人に伴われ草原に行く勝五郎＝『ほどくぼ小僧　生まれ変わりの勝五郎』より（日野市郷土資料館発行）

葉で言い尽くせないほど美しかった。そうして所々へ連れて行ってもらいながら、見物しているうちに3年が過ぎていた」とある。

『甲子夜話』には老人の他に地蔵菩薩《ぼさつ》も登場する。そして「前世で病死後、地蔵様のもとに3年いたが、2度目の出生の際、家の中が騒々しいので、それに紛れて多くのことを忘れた」とある。同著は松浦静山が、友人の池田冠山から伝え聞いた内容を書き記した。そこでは主に地蔵菩薩という仏と関わっている。

ところで『再生記聞』の中ほどには、勝五郎の話し方を評して「極めて小声なので、語る内容を推し量りながら問い返し、前後の内容をつなげて書き取った」「(勝五郎が)首尾を整えて語ったのではない」と記述している。

断片的でたどたどしい呟《つぶや》きからは、聞き手の思いによって、勝五郎を誘う相手が老人にも仏にも受け取られよう。話し手と聞き手が、互いに影響し合って物語ができていったことが想像される。

「生まれ変わるために地蔵菩薩の力が必要なのではないか」という書き手の思いがあれば、老人よりも地蔵菩薩が優先されよう。逆に仏教を批判し、神々こそが生まれ変わりを導くと主張する篤胤なら、ある神が老人の姿で現れたと判断しただろう。果たして藤蔵を導いたのは何者だろうか。

老人の正体は何か——生涯守護する産土神

平田篤胤著『再生記聞』には、勝五郎の前世である藤蔵は死後しばらく家にいたが、やがて見知らぬ老人に誘われて奇麗な草原へ旅立ったと記述されている。松浦静山の『甲子夜話』では、藤蔵と主に関わったのが地蔵菩薩《ぼさつ》だった。『江戸名所図会』の著作で知られる考証家の斉藤月岑《げっしん》（1804〜78年）の『睡余操觚《そうこ》』にも地蔵菩薩が登場する。

情報屋のはしりとされる須藤由蔵《よしぞう》（1793〜没年不詳）の『藤岡屋日記』の文政7（1824）年7月28日には「小児前世を忘れず居ること」があり、そこでは出家せず、家庭にあって仏道修行に励む「優婆塞《うばそく》」のような白髪の老人が現れる。

同日記には「勝五郎の家を訪問すると、父母や兄姉までいたので質問した」とあり、勝五郎の家族と直接面会して書いたことがうかがえる。

死後の記憶の描写には、自分の家に対する特別な思いが薄らいでいく心情面の変容も垣間見られる。

「おらは棺《ひつぎ》の上にいて墓まで行ったが、また家に帰って来た。でも生きていた時とは違って、わが家に寄せる親しみが薄らいでいた。そういうことで家を去り、村から見渡す山々の峰の、松のもとに着いた時、優婆塞のような白髪の老人が、灰色の袖の長い衣を着てやって来た。そしておらに向かって言った。『おまえは、わしと一緒に来なさい』。それから老人に伴って地を走り、あるいは中空を飛んだ（中略）また家々で火をたく時はわが家に帰った。（家々で火をたく時とは、七月の迎え火）」（『藤岡屋日記』より）

「火をたく時」を、お盆の迎え火と捉えている。『藤岡屋日記』では、わが国の一般庶民が行っている仏教行事と関連させながら、優婆塞のような白髪の老人が藤蔵を誘っている。

優婆塞は在家の僧だが、山岳で修行し、時には呪術を身に付けたといわれており、藤蔵を導く存在にもなり得たのだろうか。（参考『鈴屋学会報』第28号「勝五郎再生記聞小考　門脇大」２０１２年12月）

さて『再生記聞』では、老人に誘われた藤蔵が奇麗な草原で遊んでいると、烏《からす》が現れて驚かされる。

　花がたくさん咲いているところで遊んでいた時、その枝を折ろうとすると、小さい烏が出てきて、大変驚かされたのを、今でも怖《おそ》ろしく思い出す。

(「その老人は中野村の産土神《うぶすながみ》である熊野権現だろう」と父源蔵が語った。鳥が出たことについては、何となく思い当たる節がある)。

※伴信友の注釈

産土神とは、生まれた土地の守り神。生前から死後まで、その人が他所に移住しても生涯守護する神だ。

篤胤が唱える幽冥界《ゆうめいかい》(あの世)の主宰者には大国主命《おおくにぬしのみこと》がいて、各地のことは、その土地の国魂神《くにたまのかみ》(国土の神霊)、一宮の神(地域で最も社格の高い神)や産土神・氏神が関わると考えた。だから篤胤や親友の伴信友は、勝五郎の父源蔵の発言にうなずいて、藤蔵が出会っ

藤蔵を誘ったといわれる熊野権現を祀る熊野神社＝東京都八王子市東中野

た老人は、産土神だろうと判断したようだ。藤蔵が勝五郎として生まれ変わった武蔵国多摩郡中野村（東京都八王子市東中野）の産土神は、熊野権現であった。

こうして篤胤の幽冥論は、勝五郎の事例によって裏付けられ、確かなものになっていく。このように篤胤には、初めから自分が考える「神々の全体像」があり、さまざまな事例を基に総合的に判断し、理解していこうとする傾向が見られる。

宗教学者の山折哲雄氏は、「カミの表現が老人をモデルにしているのに対して、ホトケの表現が中・青年をモデルにしている」と述べている。つまり神は老人の姿をし、仏は中年や青年の姿をしているという。

人間が死んだ後、神になると、私たちの先祖は古くから自然に信じてきた。三十三回忌ないしは五十回忌の弔《とむら》い上げが済んだ死者の霊は、個性を失って祖霊（祖先の霊）になり、やがて年月を経て神に祀《まつ》られるという。

自然の摂理である死において、死とそれほど遠くない「老人」という存在が、生きている者と死んだ者の「中間」に位置すると考えられた。つまり老人は神に近い存在なので、神の像が老人の姿になったのではないか、と山折氏は考えた。（山折哲雄『神と仏―日本人の宗教観』、講談社、１９８３年）

神仏や亡き縁者の姿――死者に寄り添い導く

『再生記聞』にある藤蔵のように、死んでから神仏のような存在に導かれて生まれ変わったという事例は現在でも少なくない。

米バージニア大学医学部知覚研究所客員教授の大門正幸博士はインド人としての記憶を持つ西日本在住の少女（2005年6月生まれ）を、10年7月10、11日に面談して調査した。大門博士は、比較的明確な「過去生（前の人生）」の記憶を持つ少女から直接話を聞き取った。母親から聞き取った内容については、少女が同意したもののみ記録した。

少女はインドの自宅で焼死した「過去生」を持つ。亡くなった時に、上空から見た火災後の家と嘆き悲しむ家族の様子を語った。

この事例で特筆すべきは、日本に生まれ変わったという少女の額に母斑《ぼはん》（ほくろやあざ）があったことだ。少女は「過去生」でヒンズー教徒であり、額に赤いビンディを付けていたという。ビンディとは、ヒンズー教徒女性が硫化水銀の赤い小さな丸を額に描いたもの。

少女は3歳の時、日本の母の意向でレーザーによる除去治療を受けた。3歳10カ月のころ、母斑について「インドにいる時からず～と嫌だったんだよね」と語っている。

5歳になると、日本人として生まれる前、少女を守る女神様からいろいろな助言を受けたという発言をし始めた。額の母斑については「インドのことを忘れないように女神様が付けた」と話した。

また少女は、生まれる前に天国のようなところで出会った、額にビンディがある神様の絵を描いている。少女によるとビンディの色も神様によって決まっているという。（『人体科学』第21巻第1号大門正幸　2012年5月）

チベット仏教の『死者の書』は、第1次世界大戦中に英国の人類学者エヴァンス・ヴェンツが発見し、英訳してオックスフォード大学から出版された。死が全ての終わりと考える当時の科学観に疑問を感じていた心理学者ユングは、同書を読んで「魂の秘密を解き明かす生涯の伴侶に出会った」と述べた。

『死者の書』には死んでから49日間、その人の魂（意識）がとどまる世界が描かれている。サンスクリット語で「アンタラー・ババ antara-bhava」、日本語には中陰（中有《ちゅうう》）と訳され、生前の意識の持ち方によって神仏がさまざまな姿になって現れるという。また魂が肉体から離れて宙に浮く感覚も覚えるという。これらは生まれ変わった記憶を持つ子供や臨死体験者が語る証言と共通している。

現れる神仏は、その国や地域、家族あるいは本人の信仰と関係深い像となり、魂を導く事例が多い。

だが信仰と関係なく、前に亡くなった肉親などの縁者が現れる場合も少なくない。臨死体験後に、死後の記憶を語る子供の言葉にも、死者に寄り添う不思議な存在があった。

米フィラデルフィアに住むジャクソン・パワーズ君（4）は、インフルエンザをこじらせ肺に穴が開き、生後1カ月で昏睡《こんすい》状態に陥った。4カ月後奇跡的に助かったが、2歳になったころから突然病院での体験を話し始めた。両親は彼に入院したことを伝えていなかった。

ジャクソン君は手術中に魂が身体から抜け出し、医師や母親の姿を見てい

50年以上にわたり「過去生を語る子ども」の事例研究を続けている米バージニア大学医学部知覚研究所＝大門博士提供

たという。病室で母親が座っていた位置や、救急車に乗ったり父親が付き添ったりした時の話もした。そうした内容はすべて事実と一致していた。

「僕は死んだよ」「神様の所に行ったんだよ」「奇麗だったよ」などとも語った。さらに驚くべきは、病室でクリーミーという女性がずっと付き添っていたと語ったことだ。

クリーミーとは、ジャクソン君が生まれる10年前に死亡し、存在すら知るはずがない祖母の名前だった。両親が驚いて祖母の写真をジャクソン君に見せると、「この人だ」と答えた。両親は祖母のことをジャクソン君に一度も話したことがなかった。（ＮＨＫ・ＢＳ１「立花隆　臨死体験　死ぬとき心はどうなるのか」、２０１５年3月25日放送）

私事だが、昭和４（１９２９）年、叔母は天然痘にかかり死線をさまよった。その時、大正14（25）年に死去していた曽祖父が叔母の枕元に白装束で現れ、じっと見守っていたという。翌朝、叔母は奇跡的に回復した。この不思議な体験を、叔母は生涯繰り返し語っていた。

一心に念ずる力――お地蔵様が子を救う

6歳で亡くなり、魂（意識）になった藤蔵は、不思議な老人に誘われて奇麗な草原に来ていた。そこで遊んでいると、家での話し声やお経が聞こえてきた。

遊び歩いていると、家で親たちが何かしゃべっているのと、お経を読む声が聞こえたが、おらはお坊さんを憎らしく思っていた。

おらに供えられた食べ物を食べることはできなかったが、その中で温かいものは、その湯気の香りがおいしいと感じた。

池田冠山著『前生話』では「家の中で温かい牡丹餅《ぼたもち》を供えると、鼻から烟《けむり》を呑《の》むようであったから、おばあさん、仏様に温かいものを供えなさいよ。そして僧様にものを施しなさいよ。これがいいことだよ」と、仏に対して好意的に記している。

魂が存在するとすれば魂は、食べ物を口にできないが、温かく香ばしい匂いは感じ取れると表現されている。6世紀前半、仏教が伝来した時、仏教の儀礼と共に日本に入ってきたお香も仏様へのお供え物の一つだ。お香の良い香りを差し上げたいという願いからだろう。

平田篤胤著『再生記聞』にはお経が、『前生話』には念仏を唱える声が藤蔵に聞こえたとある。「お経」とは、般若経、法句経など釈迦《しゃか》が弟子たちに語った説法だ。「念仏」とは、仏を念じながら唱える短い言葉。例えば「南無阿弥陀仏《なむあみだぶつ》」と唱えることは、浄土へ渡れるように「阿弥陀如来を敬い帰依します」と言っていることになる。

『再生記聞』では、この世で実際に行われている僧によるお経が、藤蔵に聞こえたようだ。『前生話』には「いくら遠くにいても、家の中で念仏を唱える声と何か話す声が聞こえた」とある。藤蔵を供養する家族や縁者の念仏であろうか。藤蔵が無事に浄土へ渡れるように願う、人々の切なる思いが伝わってくる。

勝五郎の前世とされる藤蔵の生家（東京都日野市程久保）前には六地蔵があって、藤蔵が亡くなる文化7（1810）年より前から女念仏講が行われていたという。念仏講とは、念仏を唱える在家の仏教信者たちの集まりのこと。信仰者たちを講中と呼び、葬儀や村の行事で念仏を唱えた。

この六地蔵は、安永8（1779）年に地域の女念仏講中が建立した。このころは、西洋の学問がオランダから盛んに取り入れられた時期。同年は蘭学者の平賀源内が亡くなり、その5年前には杉田玄白らが日本最初となる西洋医学の翻訳書『解体新書』を刊行した。六地蔵が作られたのはそうした時代であるが、西欧の文化が入っても日本人が長年信仰してきた土着の風習は変わらなかった。

藤蔵の生家を引き継ぐ小宮豊さん(68)によると、現在の六地蔵は寛政7(95)年に女念仏講中が再建したもので「1998年ごろまで女念仏講が行われていた」という。

子供が亡くなると、両親は無事に成仏できるように念仏を唱えた。親より早く死んだ子供は、親不孝の報いで仏の世界に行けず、功徳を積まねばならない。そのため賽《さい》の河原で石を積み、両親の供養

藤蔵の生家前にある六地蔵＝東京都日野市程久保

塔を作る。だが鬼が来て塔は壊され、子供は何度も石を積み直す。手足には血がにじみ、親が恋しいと苦しみ嘆くのである。

それを哀れんだお地蔵様（地蔵菩薩《ぼさつ》）は修行僧の姿で現れ、子供を抱いて錫杖《しゃくじょう》（つえ）に取り付かせ、鬼から守る。お地蔵様が子供を救うのである。この話は、念仏聖《ひじり》の空也《くうや》（出生年不明～972年）の『西院河原地蔵和讃《さいのかわらじぞうわさん》』で伝えられた。

お地蔵様は阿弥陀信仰と結びつき、特に地獄の責め苦から亡き人を救い出し、阿弥陀如来のいる極楽へ送り届ける。お地蔵様は、この世とあの世の間にいて、亡き人を救うといわれる。人々の「南無阿弥陀仏」と唱える念仏は、お地蔵様に届き、いつしか阿弥陀如来がいる極楽浄土へと亡き子供を導くのだろう。藤蔵は賽の河原へは行かず、美しい草原で遊んでいた。そこが藤蔵にとっての極楽浄土だったのかもしれない。やがて藤蔵は、老人に誘われて5キロ離れた村で生まれ変わる。これも一心な念仏の力なのだろうか。極楽浄土への願いとともに、またこの世に生まれ変わってほしいという縁者の思いも深かったであろう。

松浦静山の『甲子夜話』をはじめ多くの文献には、お地蔵様が、藤蔵を勝五郎として生まれ変わらせたように描かれている。これらの筆者たちは、程久保村の藤蔵の生家を尋ねた際、六地蔵と念仏講の存在に気づき、これが生まれ変わりに関わったと考えたのかもしれない。

念仏と六地蔵の御利益——生まれ変わりを導く

勝五郎の前世とされる程久保村（東京都日野市程久保）の藤蔵の生家前には、六地蔵がある。ここで女念仏講が2世紀にわたって行われてきた。近くには、安永9（1780）年の馬頭観音が残っており、藤蔵の実父か祖父が建立したと伝えられる。藤蔵の一家は信心深い家系だったようだ。

一方、生まれ変わったとされる勝五郎の家族については、池田冠山著『前生話』に、祖母つやが「明け暮れ念仏を唱えていた」と記されている。

こうした信仰心が、藤蔵の生まれ変わりに何らかの影響を与えたのだろうか。

念仏の御利益は昔から信じられてきた。平安後期の学者三善為康（1049〜1139年）は、熱心な浄土信仰者だった。浄土信仰とは、阿弥陀《あみだ》仏の救いを信じ、死後、仏の住む極楽浄土に往生することを願う信仰だ。為康は50歳を過ぎると毎日念仏を1万回唱えた。91歳で亡くなる際、長年念仏を唱えた功徳により極楽往生できると固く信じていたという。

為康が、念仏を唱えて極楽往生したといわれる人のもとを訪ね、その伝記を調べたのが『拾遺《しゅうい》往生伝』（1104年）だ。そこに「六地蔵」という言葉が、文献として初めて出てくる。

同書によると、大納言藤原経実《つねざね》の妻が重病になった時、母親が病気平癒のため薬師像を建立した。だが妻は、回復できないと自覚し、六地蔵像の建立を頼んだという。ここでは薬師が現世、六地蔵が来世（極楽浄土）に御利益ある仏として信仰されている。

ところが『今昔物語』（１１１０年ごろ）巻17の第23話の玉祖惟高《たまのおやこれたか》の霊験話では、六地蔵が死者をこの世に生まれ変わらせると告げる。

長徳４（９９８）年４月ごろ、周防《すおう》の国（山口県）の一ノ宮の宮司であった惟高は、にわかな病で急逝した。冥土をさまよっていると６人の小僧が現れ、「われらは六地蔵だ。おまえは神官だが、生前、われら六地蔵を信仰していた。その功徳により蘇生させるので、娑婆《しゃば》（この世）に帰って六体の像を作り、謹んで敬いなさい」と告

勝五郎の前世・藤蔵の墓「法名・頓悟（とんご）童子」＝東京都日野市の高幡山金剛寺墓地

げられた。惟高は3日後に蘇生し、命あるものを救うため六地蔵を作って供養したという。（頼富本宏『庶民のほとけ』、日本放送出版協会、１９８４年）

地蔵菩薩《ぼさつ》の霊場としては青森県むつ市の恐山が有名だ。地蔵信仰を背景に死者供養の霊地として知られる。作家幸田露伴の明治25（１８９２）年の紀行文「易心後語《えきしんこうご》」からは、恐山に集まった人々が死者のために念仏を唱えたり、さい銭を投げたりしている光景が記されている。

さて『再生記聞』に戻ろう。

7月、庭火（かがり火）をたくころに家へ帰ったが、団子などが供えてあった。遊び過ごしていて、ある時、付き添ってくれた老人と一緒に家（中野村の勝五郎の父となる源蔵宅）の前の道を歩いていると、老人が家を指して「あの家に入って生まれなさい」と言った。

『前生話』では「じいさまが、（藤蔵よ）もう死んでから3年たったから、あの向こうの家に生まれろ。おまえのばあさんになる人はいい人だから、あそこに宿れ、と言ってじいさまは先に行ってしまった」とある。

祖母が勝五郎から聞いた内容を、池田冠山に伝えた話が『前生話』である。祖母は「明け暮れ念仏」を唱える信心深い人だったので、不思議なじいさまに「いい人」と評されたのはうなずける。

『前世話』で、藤蔵は仏の御利益で生まれ変わったように描かれている。行く先は誠実で信心深い人がいる家がふさわしい。このように考える当時の価値観が、話にも影響しているように思われる。

出生前の記憶——両親の会話聞き取る

『勝五郎再生記聞』では、亡くなって魂（意識）になった藤蔵が、不思議な老人から「あの家に入って生まれなさい」と言われ、その家のそばへ行く。

言われたとおり家のそばに来て老人と別れ、庭の柿の木の下に3日ほど、じっとして様子をうかがっていたが、窓の穴から家の中に入り、かまどのそばでさらに3日ほどいた。

そのとき、母がどこか遠い所に行ってしまうということを、父が語っていたのを聞いた。

これ以降は注釈。勝五郎の父の証言を、伴信友が書き取った内容。

父源蔵によれば、これは勝五郎が生まれた年の正月のこと。ある夜、源蔵夫婦は寝室で、このような貧しい暮らしに子供が2人もいては、老母を養うにも事欠く。3月から妻が江戸へ奉公に出ることを語り合ったという。
だが、このことは老母に話していなかった。2月になってから老母に告げ、3月に妻を奉公に出したところ、先方で懐妊が分かり帰郷した。
はらんだのは正月で、月満ちて10月10日、勝五郎が生まれた。このことは夫婦以外知るすべもなく、勝五郎が知っているのは不思議だ。懐妊したとき、生まれたとき、その後も特に不思議なことはなかったという。

ここからは再び勝五郎の証言。

その後、おらは母のおなかに入ったように思うが、よく覚えていない。おなかの中では、母が苦しいだろうと思ったとき、体を脇によけたことを覚えている。生まれたときは、全く苦しくなかった（程久保村で藤蔵が文化7年に死んでから6年目に当たる）。この他どんなことも四つ五つまではよく覚えていたがだんだんと忘れてしまった。

こうして勝五郎は文化12（1815）年10月10日に生まれた。『再生記聞』には出てこないが、勝五郎が生まれたとき祖父勘蔵はまだ存命である。墓碑には文政4（1821）年に没したと刻まれている。

バージニア大学医学部教授だった故イアン・スティーブンソン博士が著した『前世を記憶する子どもたち』は、勝五郎のように不思議な賢者のような人物に誘われて生まれ変わった海外の子どもたちを紹介している。賢者は死者を世話し、生まれ変わる家族へ案内するという。

前世を記憶するミャンマーの修道僧サヤドウ・ウ・ソバナは、前世の死後、賢者に前世住んでいた村へ連れ戻されたという。初めは自宅へ行ったが、結局は自宅から2、3軒先の家に前世のソバナを置いて賢者は去り、その家で生まれた。ソバナは、信心深く博愛的な生涯を送り、老衰で亡くなったという前世の記憶を持っていた。

生まれ変わりの歴史は古い。古代ギリシャの哲学者ピタゴラスは前世の記憶を持ち、生

両親の会話を聞く藤蔵の魂＝『ほどくぼ小僧　生まれ変わりの勝五郎』より（日野市郷土資料館発行）

まれ変わりがあることを弟子たちに教えた。同じくプラトンも著書『パイドン』(岩波文庫、岩田靖夫訳、1998年)などで、生まれ変わりの実在を主張している。

生まれ変わりを想起させる前世の記憶を持つ子供が多いのが、インドやミャンマー、タイ、スリランカ、ブータンなど輪廻《りんね》転生を信じるヒンズー教徒や仏教徒が多い東南アジアや南アジアの文化圏だ。そうした信仰を持たない北アメリカの白人にも300例ほどの事例が見つかっている(バージニア大学医学部知覚研究所)。

国民の8割以上が仏教徒であるミャンマーでは、徳を積むと幸せな生まれ変わりがかなうという。国民の多くが輪廻転生を信じ、幼少時に前世の記憶を持つ子供が珍しくなく、親がそうした発言を止めることもしない。こうした死生観がミャンマー人の道徳規律を形成。この世でよくない行いをすれば、来世で畜生道(動物や虫の世界)に落ちるとされる。

ブータンでも、自分は何かの生まれ変わりであり、死んだ後も生まれ変わってこの世に帰ってくると信じられている。ミャンマーと同様にお経を唱えたり、お寺にお参りするなどの宗教行為は、来世で良い境遇に生まれるように願って行われる。

魂のありか――脳内か、それとも外か

臨死体験者は、一般的に身体から魂が抜け出て自分の姿を見たり、三途《さんず》の川へ行ったり、亡くなった人に会って蘇生したりなどという記憶を持っているようだ。

米ミシガン大学のジモ・ボルジギン准教授（神経科学）は、ネズミの脳に直接電極を入れて実験し、心臓の活動が停止しても微細な脳波が数十秒間続くことを確認した。心臓が止まり血液が流れなくなった後も、脳の活動は続くという。臨死体験をしている時の脳は、実は活動しているのではないか、意識も存続しているのではないかという推測が成り立つ（NHKスペシャル「臨死体験　立花隆　死ぬとき心はどうなるのか」、2014年9月14日放送）。

立花氏は、人間の魂（意識）が脳によって生み出されると考え、臨死体験は「死の間際に見た脳の幻覚である」という「脳内現象説」を取っているようである。

心臓が止まって数十秒後、脳の機能は完全に失われる。脳内現象説では脳が働かなければ記憶は残らない。だが、その後に起こった出来事の記憶は、どのように説明すればいいのだろうか。

『勝五郎再生記聞』において勝五郎の前世とされる藤蔵は、亡くなってから生まれ変わる先の家に行き、両親が話していた内容や、母親の胎内にいる時の様子を鮮明に記憶していた。勝五郎の詳細な記憶は、通常の臨死体験者が記憶している範囲をはるかに超えている。

　臨死体験を研究したオランダの心臓病専門医ウィリアム・ヴァン・ロンメル博士は、本来の意識は時空を超えた場所にあるのではないかと考えた。「脳が意識をつくり出すのではなく、脳によって意識が知覚（感知）されるのではないか」と述べている（『TIME』インターネット版、

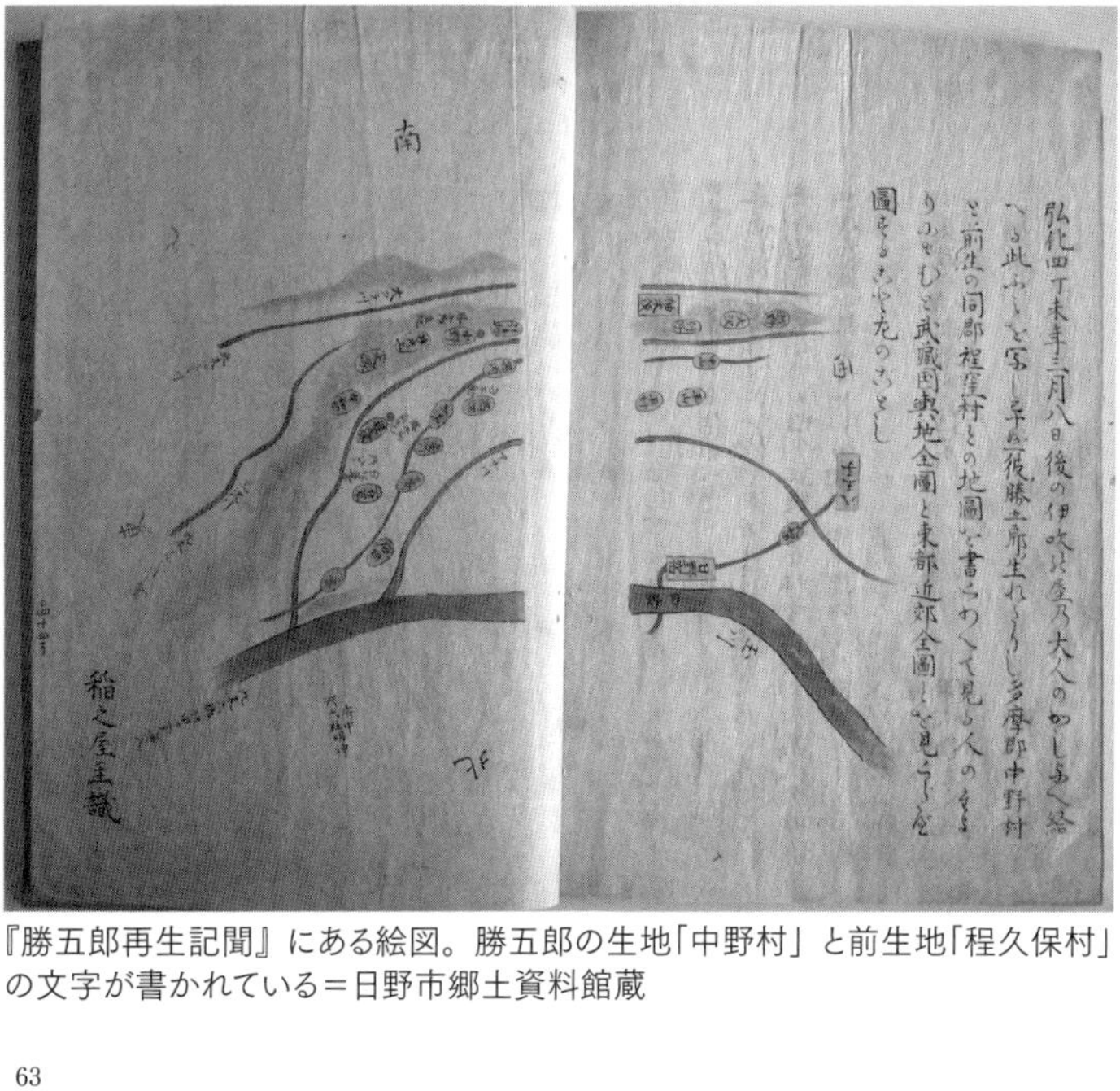

『勝五郎再生記聞』にある絵図。勝五郎の生地「中野村」と前生地「程久保村」の文字が書かれている＝日野市郷土資料館蔵

「Health & Science」、2007年8月31日)。つまり人間の魂(意識)と肉体はもともと別の場所にあり、両者をつないでいるのが脳であるという。

米国の心理学者アーノルド・ミンデル博士は、意識不明となり昏睡《こんすい》状態にある人々を調査し、横たわりながらも「よその町を歩き回った」いう多くの体験談を得た。「人の体内には非物質的なものもあり、肉体の死が近づくにつれて活性化される」という仮説を唱え、「人間の意識は肉体の外に飛び出すこともあり得る」と発言している。(アーノルド・ミンデル『昏睡状態の人と対話する—プロセス指向心理学の新たな試み』、NHKブックス、2002年)

そうした学説の実例として、日本の僧や山伏などが、断食や不眠不休の厳しい修行をして死の境地に近づく際、神仏のような存在に出会ったり、超常的な体験を味わったりするという通常の脳活動では感知できそうにない体験が挙げられようか。

脳機能が極度に落ち込むと、視覚や聴覚など五感を使わなくても、出来事を感じ取れる事例が多いという(『人体科学』第23巻、大門正幸、2014年)。

ハーバード大学メディカルスクールの脳外科医であったエベン・アレキサンダー博士は、08年に細菌性髄膜炎という重い病にかかり、昏睡状態になって臨死体験をした。アレキサンダー博士は回復後に、自分の脳の状態を調べた。すると昏睡状態の7日間、脳の大部分は機能停止していたことが判明した。

博士の大脳皮質も機能しておらず、「脳内現象説」では幻覚を見ることができない状態だった。しかし、博士は臨死体験していた時、現実とは異なる世界を旅していたという。最も印象的だったのは、青い目の美しい女性に迎えられた世界だという。ピンクの雲のようなものが果てしなく広がっていた。そして「鳥」か「天使」か区別できないような存在が飛び交い、壮麗な「音」が響いていた。

博士には全く面識がなく顔も知らないまま他界した実の妹がいた。臨死体験中に対面した青い目の美しい女性が妹だったという。博士は臨死体験後に両親から渡された顔写真を見て、初めて実の妹の顔を確認した。

博士は脳外科の権威であり臨死体験などには否定的だった。だが、自らの臨死体験で見たという世界は、死後の世界に続くものだと確信し、肯定的な認識に転じたのである（エベン・アレキサンダー『プルーフ・オブ・ヘヴン―脳神経外科医が見た死後の世界』、白川貴子訳、早川書房、２０１３年）。

果たして魂（意識）は、脳の中にあるのか、それとも外に実在するのか。また臨死体験から続く死後の世界はあるのだろうか。

ほどくぼ小僧――周囲があだ名付ける

勝五郎は肉体のない魂（意識）だったとき、家のかまどのそばにいて、両親しか知らないはずの会話を聞いて覚えていた。やがて母の胎内に宿ると、母が苦しくないように自分の体を脇によけたという。こうした出生前の記憶を、勝五郎は家族に語った。

（勝五郎の話を聞いた）祖母はその後、ますます不思議に思い、ある時、村のお婆《ばあ》さん方が集まる機会があったので聞いてみた。

「この中に程久保《ほどくぼ》村の久兵衛さん（勝五郎の前世である藤蔵の実父）を知っている方がいませんか？」

1人が答えた。「私は知らないが、程久保村に縁者がいるので、問い合わせてみましょう。それにしても、なぜそのようなことを聞くのですか？」

祖母は黙っているわけにいかず、勝五郎の話をざっと語った。

そうするうちに、この1月7日、程久保村から何某《なにがし》というお年寄りが勝五郎の家にやって来た。

「わしは程久保村の半四郎(藤蔵の継父)と親しい仲です。久兵衛は若いころの名で、後に藤五郎と改めましたが、15年前に亡くなり、今は程久保村に久兵衛という者はおりません。久兵衛の妻の後添いが半四郎です。近ごろ人づてに聞いたのですが久兵衛の子で、6歳で死んだ藤蔵が、中野村のこの家に生まれ変わったそうですね。あまりにも話がうまく合い過ぎているので、半四郎の家では詳しい話を聞きたがっています。そこで、わしが使いとしてやって来たのです」

勝五郎の家族は、この老人にこれまでのことを聞かせた。互いに半信半疑のまま老人は自分の村へ戻った。

このようなことがあったため、勝五郎の生まれ変わり話は多くの人々に知られ、勝五郎を見に来る人が現れるようになった。

勝五郎が外出すれば、人々が珍しがり「ほどくぼ小僧」などとあだ名を付けて言いはやすので、勝五郎は恥ずかしがって外出しなくなった。

勝五郎は「だから人に言うなと言ったのに。人に言ったからこうなった」と家族を恨んだ。

「ほどくぼ小僧」とは、中野村に生まれた勝五郎だが、前世が程久保村の藤蔵だと知られたからだろう。「小僧」とは、年少の僧や店で使われる少年、あるいはこわっぱとして見下される言葉だが、勝五郎の場合、百姓の息子ではあるが、仏の導きで生まれ変わった小僧のように思われたのだろうか。

現在、「ほどくぼ小僧まんじゅう」が、東京都日野市の高幡不動尊前で販売されている。高幡不動尊は、古来関東三大不動の一つだ。正式には真言宗智山派別格本山、高幡山明王院金剛寺。

なぜ高幡不動尊で「ほどくぼ小僧まんじゅう」が販売されているかというと、ここの墓地に勝五郎の前世とされる藤蔵の墓があるからだ。

藤蔵と須崎家の墓は、もともと日野市程久保の須崎家所有の山の墓地にあったが、宅地造成のため昭和47（1972）年に現在地へ改葬された。なお藤蔵の家は代々須崎姓だったが、幕末に小宮彌平の次男鏡治郎が家督を継承し、実家の小宮姓を名乗ったことで、現

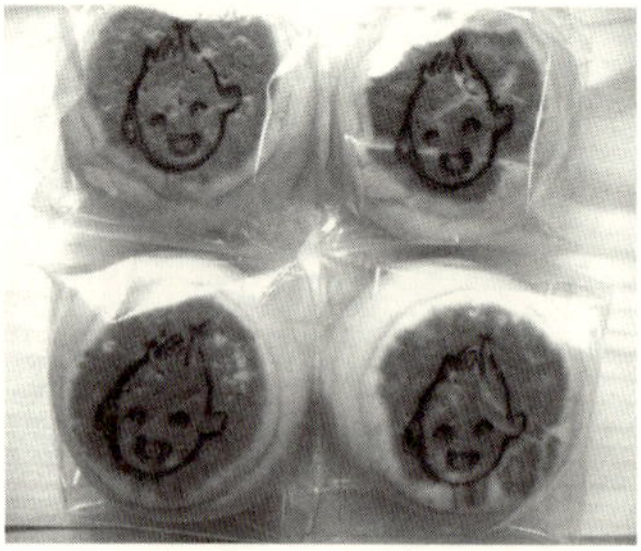

日野市の高幡不動尊前で販売されている「ほどくぼ小僧まんじゅう」

在の当主小宮豊さん（68）に至っている。

高幡不動尊は新選組副長土方歳三の菩提《ぼだい》寺である縁から、境内の弁天池入り口に土方の銅像がある。奥殿には近藤勇や榎本武揚、勝海舟の書のほか、秋田市出身の画家寺崎廣業（1866〜1919年）の日本画も展示されている。

また高幡不動尊には「不動の金縛り」という霊験話が伝えられている。『武蔵名勝図会』（1820年ごろ）によれば、慶長17（1612）年、かぶき者と称する浮浪の一団が徒党を組んで乱暴を働いた。幕府は大変苦労し犯人たちを捕らえた。だが首謀者の一人大鳥逸平だけは武蔵国多摩郡高幡村（日野市）に潜み、激しく抵抗して犠牲者が増えるばかりだった。

その時、追っ手の中に八王子横山宿（八王子市）の名主（村の長）長田作左衛門がおり、日ごろ信心していた不動尊に祈願した。すると、高幡不動尊の相撲興行に現れた逸平の体は動かなくなり、ついに捕縛されたという。人々は、逸平が高幡不動の金縛りに遭ったと語り合った。

金縛りは主に就寝中、意識がはっきりするのに体を動かせなくなる状態。だが本来は仏教用語であり、不動明王が持つ羂索《けんさく》（衆生救済の縄状の罠《わな》）の威力で、敵や賊を身動きできないようにする密教の秘法だ。「不動金縛りの法」である。

程久保の家を訪問――勝五郎、祖母と山越え

勝五郎の生まれ変わり話が知られるようになると、事の真偽を確かめるために、前世とされる程久保村から使いが来るなど、勝五郎を見に来る人々が現れるようになった。

こうしたことも勝五郎の気持ちを動かしたのか、（前世の家である）半四郎の家に行きたいという思いはますます高まった。一晩中泣き続けることもあったが、夜が明けると何も覚えていないという。夜な夜なこうしたことが続くので、祖母は勝五郎の両親に打ち明けた。

「きっと半四郎の所に行きたいという思いが、こうさせているんだろう。おそらく勝五郎の話は事実でないだろうが、勝五郎を一人前の男が連れて行くならまだしも、老いたわしが連れて行くのなら人様にあざ笑われても気にならない。わしが連れて行こう」

源蔵も祖母の話に納得し、祖母を見送ったのが文政6（1823）年1月20日だった。

祖母は勝五郎の手を引いて程久保村を訪れた（程久保村と中野村は山一つ隔てている。距離は約1里半）。祖母が、この家か、あの家かと見当を付けかねていると、勝五郎が「まだ先だ。まだ先だ」と言いながら先に立って歩いた。

「この家だ！」――。勝五郎は祖母より先に、ある家に駆け入り、祖母もそれに続いた。（以前、勝五郎は「程久保の半四郎の家は3軒並んだ真ん中の家で、裏口から山に続いている」と言っていたが、その通りだったという）

家の主人の名を問うと「半四郎」だという。家内の名も尋ねたが、「しづ」と答えた。半四郎夫婦は、かねて人づてに聞いてはいたが、祖母の話をあらためて聞き、不思議に思ったり、悲しんだりして共に泣いた。半四郎夫婦は勝五郎を抱き上げ、じっくりと顔を見詰めた。

「亡くなった藤蔵が6歳の時によく似ている」。勝五郎は抱かれながら、向かいのたばこ屋の屋根を指さして言った。

「以前は、あの屋根がなかった。あの木もなかった」。勝五郎の言ったことがどれも事実だったので、半四郎夫婦はますます驚いた。

集まった半四郎の親族の中に藤蔵の実父久兵衛の妹がいて、勝五郎を見ると「久兵衛にも似ている」と言って泣き崩れた。

勝五郎と祖母が歩いた中野村から程久保村に続く古道は現在「勝五郎の道」と呼ばれ、東京都八王子市の中央大学多摩キャンパス敷地内に保存されている。

勝五郎の生家から藤蔵の家までは標高差100メートル余りの山を越え、6キロほどの道のりだったようである。歩くと1時間以上はかかったであろう。当時の整備されてない山道を、数え年8歳の子供が前もって一人で往復したとは考えにくい。勝五郎は祖母に連れられて初めて程久保村に来ると、今度は家並みの中から、前世の家をすぐに見つけて祖母を案内した。

バージニア大学医学部知覚研究所が40カ国以上から収集した前世(過去世)を語る子供2600事例余りのうち7割ほどが、前世の人物を特定できたという。

そして生まれ変わったとされる子供たちは、通常の方法では知り得ないはずの前世に関わる情報を知っていた。だからといってその

勝五郎と祖母が歩いた程久保村（東京都日野市程久保）から中野村（同八王子市東中野）までの古道＝中央大学多摩キャンパス敷地内

子供たちが占い師や予言者のような超感覚的知覚を示す事例は少ない(『人体科学』第23巻、大門正幸、2014年)。

また同大学の調査によると、前世の家族と現在の家族に血縁がなく知り合いでもない場合は、現在の自宅から25キロ以内の所で過ごした前世について語る傾向が見られた。

ほとんどの子供が、前世で暮らしていた地域の最も近い場所に生まれ変わっている。勝五郎の事例もこれに該当しよう。ただ双方の家族が500キロとか175キロといった遠距離の事例もある。

前世の家族と現在の家族が、血縁や知り合いなどでつながりのある場合は、25キロ以内といった距離に関係せず生まれ変わるようである。前世の家族と現在の家族が親しくしていたら、そこに生まれ変わった事例もある。極端な場合、前世の家族のもとに再び生まれ変わる場合さえある。

「魂(意識)が、特定の家族のもとに生まれ変わる場合は、愛情や時には憎しみなどの関わりによって結びつくのではないか」と同大学教授だった故イアン・スティーブンソン博士は考察している(イアン・スティーブンソン『前世を記憶する子どもたち』、日本教文社、1990年)。

前世の家族と交わる――勝五郎が親睦を願う

前世の家を祖母と訪れた勝五郎は、周囲を見て前世に住んでいたころと、今の様子が異なっていることを語った。どれも事実と一致していたので、家族はますます驚いた。

勝五郎の前世とされる藤蔵が生まれた武州多摩郡程久保村（東京都日野市程久保）は、明治2（1869）年の程久保村絵図によると民家25軒、村域の8割が山地だった。

現在は東京都の西部に位置し、多摩川の中ほどを西に渡った緑豊かな台地にある。近くには多摩動物公園や大学があり、若い人でにぎわう。新撰組の土方歳三が活躍した土地でもある。

藤蔵が生まれ育った小宮家は、『再生記聞』にある「三軒並んだ真ん中の家で、裏が山に続く」という当時の景観を今に残す。江戸時代の家屋は建て替えられたが、所在地は当時のままだ。向かいの「たばこや」も、商売は営んでいないが同じ場所にあり、今も「たばこや」、藤蔵の家は「西の家」とそれぞれ呼ばれている。

江戸後期の真宗仏光寺派の学僧信暁《しんぎょう》（1774〜1858年）の著書『山海里』の初篇巻之2「前生を知りたる事」にも藤蔵の家を訪れた勝五郎の様子が描かれている。

「(勝五郎が)祖母より先に家に入り、台所に座って、『ここの壁は以前なかったが、戸が入れられている』などと言うので、家族みんなが驚いた」とある。

そして「顔立ちや声までが藤蔵と同じなので、(藤蔵の母が)懐かしく寄り添うと、『おまえはかか様じゃ。わしは藤蔵じゃ』と言った」。そして藤蔵の家族が、勝五郎をわが家に受け入れたいと申し出ると、勝五郎が「いえいえ、今おらには父と母がいるので、両家においてください」と答えた。こうして今の両親と過去の両親が相談して、その後は両家の子になっているとある。

勝五郎の前世とされる藤蔵の生家があった場所。現在は当主の小宮豊さん宅＝東京都日野市程久保

この日、勝五郎と祖母は中野村に帰ったが、その後も勝五郎は「程久保村へ行きたい。久兵衛（前世の実父）の墓参りがしたい」とせがんだ。だが父源蔵はあえて構わないでいた。そうしているうち、前世の家の半四郎たちが源蔵の家へあいさつに訪れた。そして勝五郎に程久保村へ行かないかと誘った。勝五郎は久兵衛の墓参りができると喜び、一緒に程久保村へ行った。墓参りが済むと、勝五郎は夕暮れに送られて家に戻った。

以来、勝五郎は父源蔵に「半四郎の家と親類の付き合いをしてほしい」と頼んだ。源蔵は暇ができたら連れて行ってやろうと思っていたところ、今回、中野村の領主である多門《おかど》伝八郎に呼ばれたので、江戸を訪れることになった。

文政6年4月29日　伴信友記

米バージニア大学医学部知覚研究所によると、貧しい家庭の子が、前世は裕福な家庭の子だったとして、前世の家庭から経済的な援助を得ようとするケースがあるという。

だが勝五郎の祖父の実家である小谷田家は中野村（八王子市東中野）の大地主であり、分家への援助がなかったとはいえまい。また勝五郎の家では百姓の傍ら家族総出で目籠（物を入れる竹籠）作りをしていたので、あえて山越えして程久保村の藤蔵の家に援助を頼む理由が見当たらない。当時の藤蔵の家の経済状況がいかほどなのかを、数え年8歳の勝五郎少年が知るよしもない。

同大学の調査では、前世の居住地から25キロ以内に生まれ変わる事例が多いものの、前世と縁がある地域については、距離にかかわらず生まれ変わるようだ。

前世で亡くなった場所の近くに生まれ変わったり、妊娠する前後に両親のどちらかが、前世の居住地や亡くなった場所にたまたま滞在したら、出生した子供がその前世を語った。また、亡くなる前に生まれ変わる先の家族名を口にし、その通りに生まれて前世を語ったという事例もある。

こうした生まれ変わり現象を、同大学教授だった故イアン・スティーブンソン博士は公表した。だが博士は、あくまでも前世を記憶する子供たちがいたという事実のみを紹介し、自らの学説を主張していない。「(同大学の）事例報告をつぶさに読んだうえで、各自が自分なりの結論を考えるべきであり、私の解釈は重要でない」と謙虚である(イアン・スティーブンソン『前世を記憶する子どもたち』日本教文社、１９９０年)。

勝五郎の証言――チーム組み聞き取る

前世の家である半四郎の家族と親しくなった勝五郎は、父親に「半四郎の家と親類付き合いをしてほしい」と頼んだ。

〈ここからは篤胤の記述。文政6（1823）年5月8日と6月7日の2度にわたって書かれた〉

この不思議な子供について、ある人（池田冠山）の書いたものが読まれるようになったことで、勝五郎父子は中野村の領主である多門《おかど》伝八郎に呼び出され、調べられた。そして領主の家来に届書を出したという。

私（篤胤）がその届書の写しを見ていると屋代《やしろ》弘賢《ひろかた》翁（1758〜1841年、幕臣、国学者、篤胤の理解者）が、「行って話を聞いてみてはどうか」と私に勧めた。そこで文政6年4月21日に多門家の家臣である谷孫兵衛を訪ねた。

その日、勝五郎と父源蔵は、ある人の計らいで駒込の西教寺という寺に出掛けていて会えなかったが、私は谷氏から事のあらましを聞いて帰った。

翌22日に谷氏の紹介で、源蔵が勝五郎を連れてわが家（篤胤の家）にやって来た。このことを屋代翁に知らせると駆け付けて来てくれた。

まず妻（後添い）と娘と嘉津間に言い付けて、勝五郎の気分を和ませながら話をさせた。私たちは物陰で聞いていたが、聞き漏らしが多くて気をもんだ。

嘉津間とは、神仙界と人間界とを行き来したといわれる少年。通称、仙童寅吉。文政3（1820）年江戸に現れ、当時篤胤の家に住み込んでいた。

4月23日、秋田にいる兄・渡辺正胤がわが家を訪れた。国友能当《くにともよしまさ》（鉄砲鍛冶）が風砲（小さな空気銃）を持ってきて、撃つまねなどをしていたら、谷氏が勝五郎を連れて来た。

伴信友が記しているように、勝五郎は生まれ変わりのことを人に聞かれるのをひどく嫌い、どこへ行くのも嫌がるという。昨日わが家に初めて来るときも、「絶対行かない」と言い張ったが、「少しだけだから」と、言い聞かせて連れて来たという。

そういう訳で無理に質問せず、家族や弟子たちに頼んで、心ゆくまで遊ばせながら、折を見て少しずつ話を聞くと、すこぶる機嫌が良くなった。終日遊び戯れて、「今夜はここに泊まりたい」とさえ言い出した。

　だが谷氏の方に勝五郎の帰りを待つ人がいるので残念ながら帰した。翌日24日、勝五郎はやって来た。この日、居合わせたのは私の兄と国友能当、五十嵐常雄、志賀綿麻呂、細貝篤資などだった。

　25日も父源蔵が勝五郎を連れてやって来た。明日は郷里へ帰るのであいさつに来たという。この日訪れたのは堤朝風、伴信友、国友恒足らだった。また私と信友と嘉津間と3人で、あれこれと機嫌を取ったり、おだてたりして話を聞くと「他の人のいないところで話

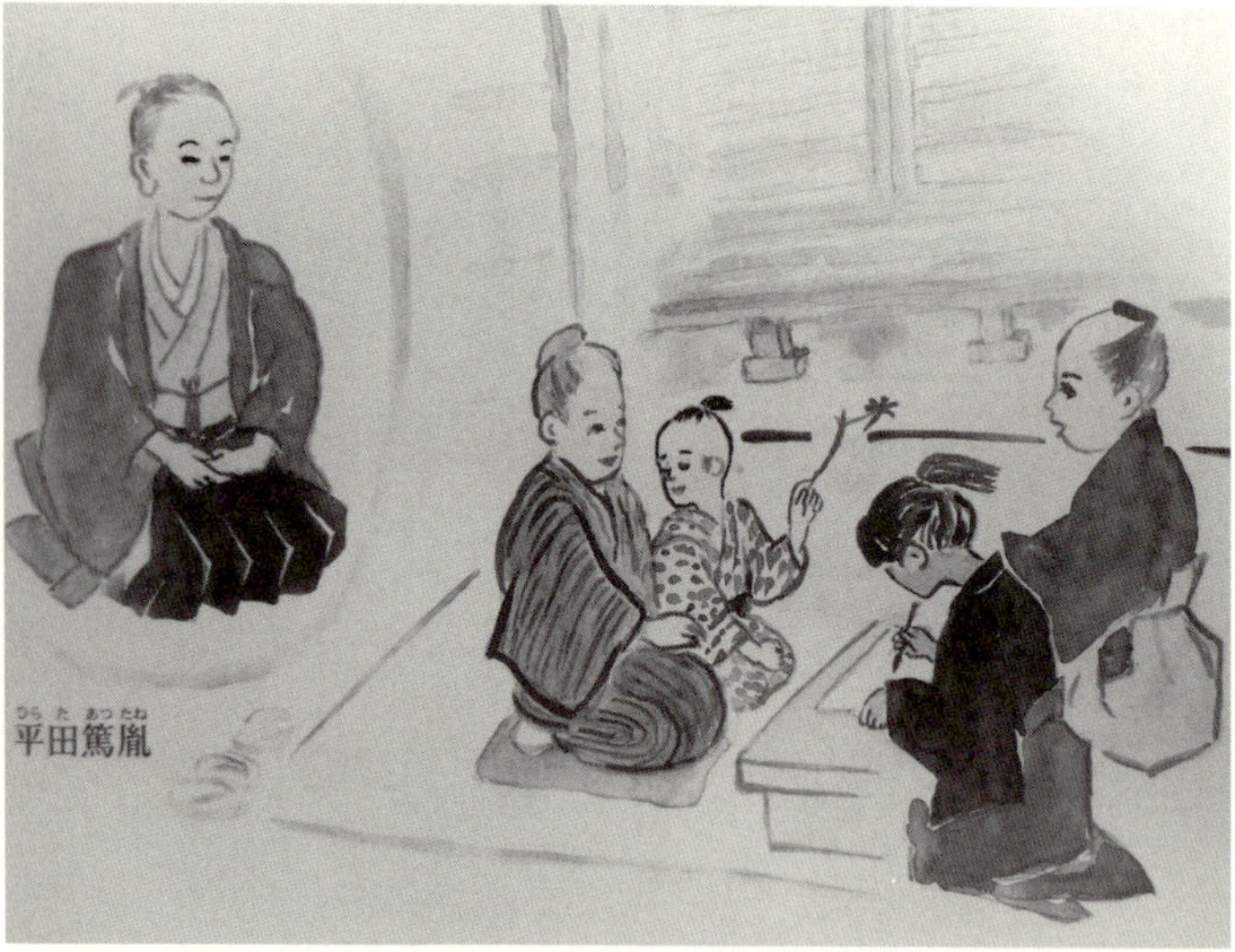

篤胤の学塾で前世を語る勝五郎＝『ほどくぼ小僧　生まれ変わりの勝五郎』より（東京都日野市郷土資料館発行）

す」と言うので庭に連れ出した。

勝五郎を抱き上げ、実っていた果物を取らせながら信友と一緒に尋ねたところ、全く子供の言葉で要領を得ず、声も小さい。

信友は何とか前後の脈絡を推測して前述の内容を記録したが、勝五郎が筋道立てて語ったのではない。この時、物陰で聞いていたのが堤朝風、国友恒足、土屋清道、矢沢希賢らだった。

篤胤は勝五郎を大事にしながら、チームを組んで証言を聞き取り、順序立ててまとめている。その様子は、あたかも米バージニア大学医学部知覚研究所の故イアン・スティーヴンソン博士が、チームを組んで子供たちの証言を聞き取り、死後も残る魂（意識）のありかを探究したのと似ている。博士は子供たちの経験から、魂の本質を明らかにしようとした。

また博士が研究の調査対象とした子供や保護者、家族と交わした心温まる手紙からは、博士がいかに人々を大切にしたかがよく分かる（同大大門正幸博士）。同研究所では、現在も6人の研究者が人間の魂の解明を目指して日々研究を重ねている。

武士願望の賢い小児――大地主と武家の血筋

篤胤はチームを組んで、生まれ変わったという勝五郎の証言を記録していった。

勝五郎は少しもおませなところがなく、荒々しい遊びを好んだ。普通の百姓の子供にしては賢い方かもしれない。

日頃から武士になりたいと言っている。以前、谷氏（中野村の領主の家臣）が語っていた通り太刀や刀を好み、これを差して武士になりたいと言うので、大小の刀をいろいろと出して抜いて見せると勝五郎は大喜びした。「大人になればこれをあげるから、話を聞かせてくれ」と持ちかけると「それなら…」と話し出した。

米バージニア大学医学部知覚研究所によると「生まれ変わり」を語る子供は、知能の高い子が多いという。勝五郎についても篤胤は「普通の百姓の子供にしては賢い方かもしれない」と述べている。

それは勝五郎が大地主と武家の血も引く家系に生まれ育ち、それなりの素養を身に付けていたからだろうか。勝五郎の祖父勘蔵は、武州多摩郡中野村（東京都八王子市東中野）の大地主小谷田家出身だ。

祖母つやは若いころ、伊予（愛媛）の今治藩久松松平壱岐守《いきのかみ》の奥女中（家政の仕事）をしていた。勝五郎の母方の祖父村田吉太郎は、御三家筆頭尾張徳川家の家来だった。母せいが3歳のとき、祖父は訳があって浪人になった。

母は祖父が浪人になったことで12歳の時、本田大之進家の下女になったが、本来武家の娘である。そうしたこともあり、勝五郎は祖母や母から武家の暮らしぶりを聞いて育ったことだろう。勝五郎の武士願望は、こうした家庭の影響を受けているのかもしれない。

勝五郎の祖父の生家である小谷田家（母屋と外倉）。文化元（1804）年ごろ建てられた。現在は小谷田忠一良さん宅＝東京都八王子市東中野

なお勝五郎の父源蔵と母せいは、源蔵が江戸で奉公していたときに所帯を持ち、文化6（1809）年、長女ふさが生まれた。その後、中野村に戻り、兄乙次郎、勝五郎、妹つねが生まれている。

小谷田家は、読み書き計算ができ百姓の傍ら、商いで生計を立てていける家族であった。こうした環境で、理知的な勝五郎が生まれ育ち、前世を語ったものと思われる。

松浦静山著『甲子夜話《かっしやわ》』にも勝五郎を評して「百姓の倅《せがれ》に似合わず行儀が良い。手先が器用で籠細工が上手。少食で魚類を食べない」と記し、「顔立ちも見苦しくなく、怜悧《れいり》（賢い）の小児」と表現している。

この後『再生記聞』で勝五郎は、僧が説く極楽の存在をきっぱりと否定する。

勝五郎に、わざと僧などを尊いもののように言うと、「あいつらは人をたぶらかして物を取ろうとする悪いやつらだ」と、ひどく腹を立てた。

「でもお経を読んでもらえば地獄へ行かず、極楽というよい国に生まれるだろう?」と聞き返すと、「お前さまが好きなようになされればいい。おらは嫌いだ。極楽などは偽りで、ますます嫌いになった」と答えた。

（神仙界を訪れ、呪術を身に付けて帰って来た寅吉こと）嘉津間が山から初めて帰ってきたときの様子と異なるものの似ているところがある。

異界の体験者である嘉津間と勝五郎に似ているところがあるという。仏教における異界（あの世）を批判的に捉える篤胤は、神の導きで異界とこの世を行き来した2人の少年が同じような様子だと述べることで、自らの考えを力説しているように思われる。

「善人は極楽、悪人は地獄」という死後の裁きの観念は、仏教がわが国に伝来する以前は日本に存在しなかったであろう。日本の古典を研究し、日本固有の思想・精神を究めようとした国学者篤胤にとって「極楽などは偽り」と言う勝五郎の発言は、自らの学説を裏付けるものとなった。

老人の姿と烏――修験道との関わりも

勝五郎は、僧が説く極楽の存在を否定した後、生まれ変わりを導いた不思議な老人について語る。

勝五郎を連れてきた老人について、ある人の書いたものによると「爺《じい》さまのような人が来て」云々《うんぬん》とある。

この文政6（1823）年7月9日、源蔵はこの間江戸に来たとき訪問した家々に礼をするため、勝五郎と姉ふさ、兄乙次郎を連れてまたやって来た。あいにく私（平田篤胤）は越谷に出掛けていたが、勝五郎親子は、わが家に三晩ほど泊まったという。

家には太田朝恭、増田成則らがおり、（勝五郎に）その老人の様子を詳しく尋ねると、勝五郎が言うには白髪を長く垂らし、白い髭《ひげ》が長く生えていたという。白絹の衣服の上には、黒い紋印がある袖の大きな羽織のような、後ろに長く垂れる上着を着て、くくり袴《ばかま》を履き、足には外側が黒く、内側が赤く丸い形で、足の甲まで覆ったものを履いていたという。

この後の記述は、4月22〜25日に篤胤たちが勝五郎と面談したときの模様。

その老人について、とても関心があったので「坊様だったか」と質問すると勝五郎は頭を振った。「では私の頭のようだったか」と信友が問うと、(篤胤の)頭を指して「お前の頭のように髪を長く垂らしていた」と言った。またその時の烏《からす》を、木に留まっている烏を指さして「あれと同じだったか?」と質問すると「あれよりは小さくて目つきが怖かった」と答えた。

死ぬと御崎《みさき》烏(または目前《めさき》烏)がいるそうだが、昔生まれ変わった者か、蘇生した者が語り伝えたに違いない。烏と鵄《とび》については長年考えたことがあるが、ここでは記さない。

以前、勝五郎の父源蔵は、老人の正

表紙に『再生奇聞』と書かれた『勝五郎再生記聞』の写し=秋田県立図書館蔵

体を中野村の産土神である熊野神だろうと推測した。その推測に篤胤も学友の伴信友もうなずいた。

老人が熊野神なら、総本社である和歌山の熊野三山が連想される。ここは古来、修験道の修行の地だ。

また熊野三山において烏はミサキ神（神使）とされ、3本足の八咫烏《やたがらす》は熊野神に仕える存在だ。

熊野神や烏からは、勝五郎の前世藤蔵を誘った老人が、修験道と関わるかに思われよう。修験道は日本古来の山岳信仰と仏教（密教）などが結び付いた宗教だ。

篤胤は外来の宗教である仏教などの影響を受ける前の日本民族固有の精神に立ち返ろうとしながらも、密教やキリスト教、神仙道などを取り入れた独自の平田国学を打ち立てた。篤胤の学問は知識が広範囲なため、こうした多様な融合もみられる。

父源蔵は、勝五郎がひどく仏教、僧などを嫌う理由を語った…。

去る文政6年4月21日、ある寺（訳あって寺号は記さない）を訪れた際、茶だ菓子だともてはやされたが、勝五郎は「寺のものは汚い」と言って一つも食べなかったので、とても申し訳なく思った。

勝五郎が、僧をこのように嫌うのは、一昨年、私（父源蔵）のもとに源七という少し縁のある病人が身を寄せていたが、彼が亡くなったとき、弔いに来た僧に布施の銭をやると、見ていた勝五郎が「なんでいつも門口に立つ坊さんに物を与え、今度もまた銭をやるの？」と聞いたので、「僧は人から施しを受けて生活するのだから、施すのだよ」と答えた。

すると勝五郎は、「坊さんは人から物を欲しがる悪い奴《やつ》だ」と言った。それで嫌いになったのかと私（源蔵）が聞くと勝五郎はかぶりを振った。

「違う。嫌いな理由があって元から嫌いなんだ」と言葉に力を入れて否定した。「元から嫌いだ」という理由を尋ねたが、「憎い」とだけ言って、他のことに紛らして答えなかった。

（このことは後に詳しく語ったが、理由があってここに記さない）

こうした場面は『仙境異聞』（文政5年）で、仙人の世界から帰ってきた寅吉が「われはもとより坊主を嫌いなり」と言ったのと共通し、篤胤の宗教観がうかがえる。

死を恐れぬ ―― 死期迫る縁者を世話

死を体験し、生まれ変わったという勝五郎にとってみると、死への恐怖はみじんもない。勝五郎の父源蔵が語るには、勝五郎は生まれつき化け物や幽霊などを少しも怖がらないという。

私（源蔵）は少し縁がある源七という病人を家に置いて世話していた。ところが源七は気が狂っていたので、家から離して小屋を建てて住まわせた。源七は死ぬ直前になると恐ろしい形相になったので、勝五郎の姉や兄などは怖がって小屋の傍《そば》にさえ近寄らなかった。

だが勝五郎だけは「源七が間もなく死ぬように見えるので哀れだ。薬も食べ物も十分にあげてほしい。いつでも、おらが持っていくから」と言って、夜中でも食事や薬を持って行って与えた。

源七が死ぬと姉と兄などは怖がって便所へも行けなくなったが、勝五郎は「死んだ人の何が恐ろしいか」と言って少しも怖がらなかった。また自分が死ぬことを全く恐れない。勝五郎になぜ死が怖くないのかと問うと、次のように答えた。

「おらが死んだと人が言ったので、初めて死んだのに気付いた。亡きがらも見たが、自分では死んだと思わなかった。死んだ時も人が見るほど苦しくなかった。死後の世界はおなかが満ち足りていて、暑くも寒くもない。夜でもそんなに暗くない。いくら歩いても疲れず、老人と一緒にいれば何も怖くなかった。6年目に生まれたと聞いたが、あちらでは、ほんのわずかな間だったように覚えている。また御嶽《おんたけ》様は『死ぬのは怖いことでない』と、おっしゃった」

「御嶽様とは、どのようにしてお会いしたのか」と問うと、勝五郎は他のことに話をそらして答えなかった。

「御嶽様」がいきなり出てくる。これまで登場した不思議な老人との関わりは分からないが、小泉八雲は「勝五郎の転生」で、勝五郎の言う御嶽様が御嶽教を始めた教祖下山応助だと考察する。幕末に江戸浅草で油問屋を営む下山は、熱心な木曽の御嶽山の修験者で、同志を集めて御嶽講社を組織した。

古来、山岳信仰には、一種の「生まれ変わり」の世界観がある。神聖な山岳に存在する霊魂が、神の導きによって女性の胎内に宿ってこの世に生まれ、神に守られて成長し、死後また聖なる山へ帰ると考えられた。

ある人の記録に、勝五郎がたびたび「おらは、のの様（神仏などを尊ぶ幼児語）だから大事にしておくれ」とか「早く死ぬかもしれない」とか「僧に布施するのは、とても良いことだ」と言ったとある。また勝五郎の父源蔵に「あなたは、仏道を信仰しているか」と尋ねたところ次のように語った。

「勝五郎が『人にものを施すのはよいことだ』と言ったのは聞いたが、その他のことは母（勝五郎の祖母）に言ったものか、私は聞いていない。私自身は仏道を深く信仰していないが、父の時代から乞食《こじき》、道心者《どうしんじゃ》（仏道に帰依した人）らが門口《かどぐち》に来る

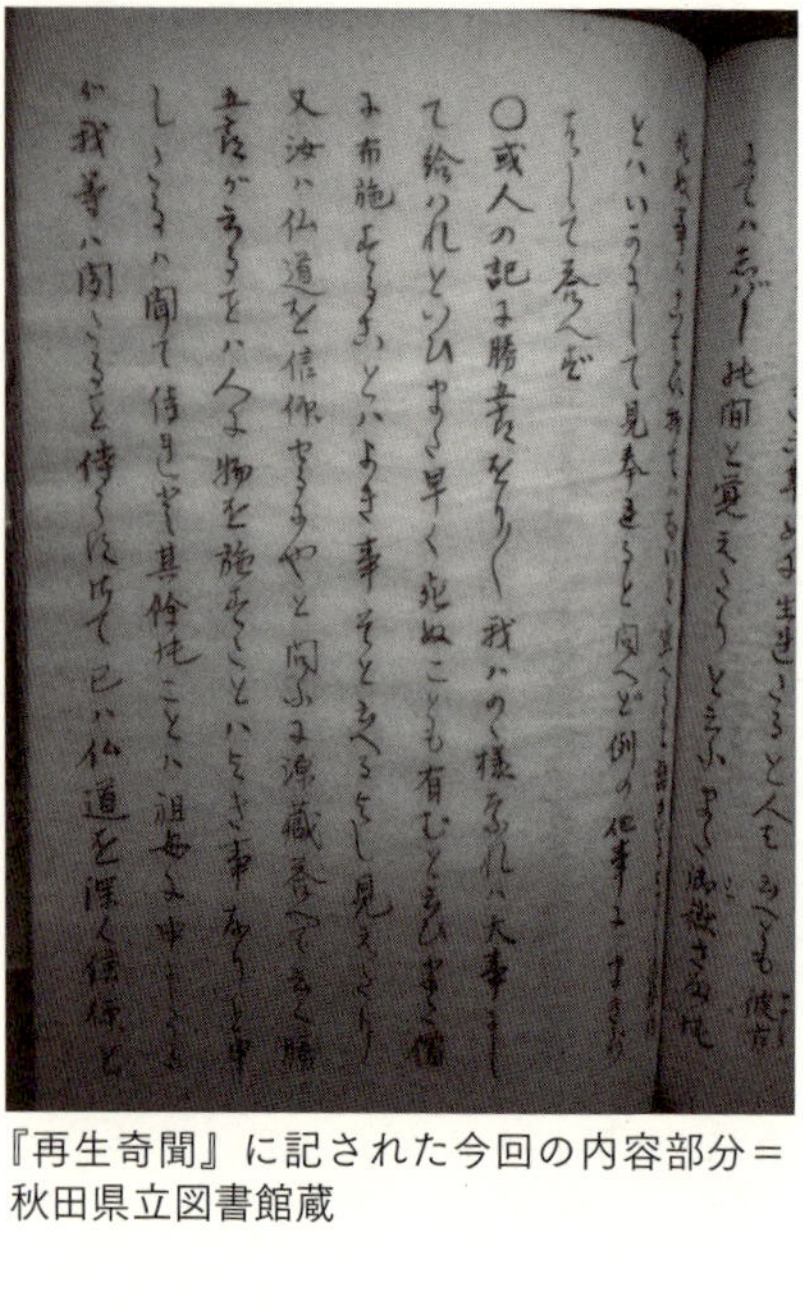

『再生奇聞』に記された今回の内容部分＝秋田県立図書館蔵

と、わずかずつ施物《せもつ》を施している。これは後世《ごせ》（来世）を願うのでなく、ただものを乞う彼らを哀れに思うからだ」

僧への布施については、たどたどしい勝五郎の発言を聞き手がいかに解釈するかで、肯定的にも否定的にも受け取られよう。勝五郎の家族が訪問者に施しをしたのは確かなようだ。

勝五郎の姉――産土の神、夢枕に立つ

勝五郎の家族は素朴な信仰心をもって、僧などに施しをしてきた。

（勝五郎の父源蔵が語るには）家族の者たちは朔望《さくぼう》（陰暦1日と15日）や式日《しきじつ》（祝日）には鎮守の神を参詣する。私は日々詣でて神々を尊び、寺院であっても縁があれば詣でて粗末にしない。とは言っても、ただ今日の無事を祈るだけだ。

私の住む村の近辺では、徳本《とくほん》（江戸後期の浄土宗の僧）の流れをくむ念仏講がはやっているが、その講には入っていない。

勝五郎のことを聞いた出家僧が、勝五郎を弟子に欲しいと言ってくる。中には「そのように不思議な子供を百姓にすると仏の罰が当たる」などという者もいるが、勝五郎自身は出家をひどく嫌い、私も望んでいないので、「百姓になっていけないなら、わが家に生まれなかっただろう。百姓の私の子に生まれ、本人も出家を嫌っているので、百姓になって構わないだろう」と断ると、その後は弟子に欲しいという出家僧が来なくなった。

さて私（篤胤）も人々も、これまで源蔵が産土の神を大事にしていることから考えて、「勝五郎に連れ添った老人は、間違いなく産土の神（熊野神社）だろう」と言った。するとと源蔵は答えた。今回西教寺を訪れたときも、そう言われた。「その老人は、勝五郎の前世である藤蔵の実父・久兵衛だろう」という人もいたが、産土の神だろうという考えについては、多少思い当たることがある。

篤胤と、勝五郎の父源蔵のやりとりによって、勝五郎を生まれ変わらせた不思議な老人が、「産土の神」だろうと考えられる。初めから老人を「産土の神」だと考える篤胤の持論があって、源蔵に問い掛け同意を得ることで、次の発言が展開していく。もしも篤胤の「産土の神」の問い掛けがなければ、おそらく老人は正体不明なままであったかもしれない。

源蔵は語る。

今まで人に語ったことはないが、熱心に尋ねられたのでお話しよう。

勝五郎の姉ふさは今年15歳になる。一昨年、包丁を無くし母親にひどく叱られたが、また包丁を無くした。

今度は一層叱られるだろうと思い、ふさは産土の神である熊野神社に参り「無くした包丁のある所を教えてください。教えてもらえるなら、お百度参りします」と祈った。

その夜の夢に、髪を長く垂らした山伏（修験者）のような頭の老人が枕元に立ち、「無くした包丁は、どこどこの田の草陰に、刃を上に向けて落ちているので、取ってきなさい」と告げた。ふさが翌朝すぐに行ってみると、その通り包丁は見つかった。包丁を持ち帰ったふさは、この不思議な夢のことを語った。

妻（ふさの母）がこれを聞いて、「ふさは、こんな物を無くした程度で産土の神様にお祈りしたなんて、とんでもないことだ。よくよくその罪をわびて、お礼のお百度参りをしなさい」とうながした。

その後のある朝、ふさがまたさめざめと泣いていた。私ら夫婦が訳を尋ねると、次のように答えた。

「一昨日の夜から3夜続けて、とても悲しい夢を見た。1夜くらいなら妙な夢を見ても不思議でないが、こう3夜続けて同じ夢を見るのは、きっと神様のお告げだ」と一層泣くので、聞き返すと、ふさは答えた。

「一昨日の夜に、またあの山伏のような老人と、もう一人の男が枕元に立って、『おまえは昔悪いことをした男だ。今こうしているが、ひょっとすると、この家にいられなくなって、苦しみを味わうだろう』」と言ったという。でもふさが気にしないでいたら、次の夜もまた次の夜も同じ夢を見せられた。

勝五郎の姉ふさは、産土の神の御利益で無くした包丁を見つけたまではよかったが、連夜、悲しい夢を見せられた。山伏のような老人の他に、「もう一人の男」が枕元に立ったという。その男が3夜目に意外な発言をすることになる。

勝五郎が建立した父源蔵の墓＝東京都八王子市柚木の永林寺

姉の夢に「蛇体の者」——出生地の神の使いか

勝五郎の姉ふさは、包丁を無くし、中野村の産土《うぶすな》の神である熊野神社に願を掛け、夢のお告げで包丁の在りかを見つけた。その後、3夜続けて山伏（修験者）のような老人と、もう1人不思議な男の夢を見る。父源蔵は語る…。

3夜目、ふさの夢の中で山伏のような人は何も言わず、もう1人の男が「われは蛇体（体が蛇）の者だ」と言った。

ふさは「こんな夢を見るのは、ただごとでない。どんな辛い目に遭うかと悲しくて泣いた」と答えた。

そこで私は「ふだん見ない夢を見たから気になって次々に同じ夢を見たのだろう。心配するな」とふさを慰めた。

考えてみると勝五郎の話にある髪を伸ばした老人と、ふさの夢に現れた「髪を長く垂らした山伏のような頭の老人」とが似ている。

ふさが包丁を無くした時に、夢に現れた山伏のような老人は、きっと勝五郎の話の老人と同じ仲間の神様だろう。このように似ていることを考えると、ふさの夢のお告げも今更ながら不思議に思われる。

勝五郎の姉ふさの夢枕に立った老人が、勝五郎を生まれ変わらせた老人の姿に似ている。だから同じ中野村の産土の神だろうと父源蔵は考えた。篤胤の指摘と勝五郎やふさの発言から源蔵は推測に自信を深めていく。ところでふさの夢に現れたもう1人の男「蛇体の者」とは誰なのだろうか。源蔵は考える…。

話しているうちにふと思い出したことがある。私は、もと江戸の小石川（文京区）に夫婦で住んでいた。その時、ふさが生まれた。

小石川の産土の神は氷川《ひかわ》大明神だ。『われは蛇体の者だ』と言った男は、もしかすると氷川大明神ではないのか。

この場に同席し、話を聞いていた国学者の堤朝風（1765〜1834年）は「氷川大明神は龍の姿の神だという言い伝えがある」と言った。そこで私は、ふさの夢に現れたのが、ふさの出生地の産土の神・氷川大明神だと実感した。

（篤胤が考えるに）そもそも氷川大明神は『延喜式神名帳《えんぎしきじんみょうちょう》』（927年、全国「官社」神社一覧）に記載され、武蔵国足立郡（埼玉県さいたま市）にある総本社氷川神社を各地に勧請した一つだ。『一宮記《いちのみや》』（諸国で一番に格付けされた一宮の社名など記載）には、祭神がスサノオノミコトとある。今も氷川大明神を「一宮」という。

『江戸砂子《すなご》』（1732年、江戸の地誌）に「小石川でも一宮を勧請し、竜女を祀《まつ》った」とある。

なぜ竜女か、というとスサノオノミコトが出雲国簸川《ひのかわ》（樋川）でヤマタノオロチを斬り殺したので、その地に樋《ひ》ノ社があり（『延喜式神名帳』）、神の使いとしてオロチも祀った。だが「オロチ」を誤って「竜女」と伝えたからだろう。

武蔵国に氷川神社があるのは、ここの国造《くにのみやつこ》（地方官）が、成務《せいむ》天皇の時代（4世紀半ば）に出雲国より勧請して祀った

小石川の簸川（ひかわ）神社。江戸時代は氷川大明神だったが明治に氷川神社、大正に入り現在の名称になった＝東京都文京区千石

からだろう。詳しくは別に考察した書がある。

※筆者注釈…篤胤は「樋ノ社＝氷ノ社＝氷川神社（氷川大明神）」と考えたようだ。

悲しい夢を連夜見た勝五郎の姉ふさは、両親が小石川にいた時に生まれた。そこの産土の神が、氷川大明神だった。祭神はスサノオノミコトで、その使いが、スサノオによって退治されたオロチだという。ふさの夢に現れた「蛇体の者」とは、オロチではないのか、という推論だ。

つまりふさの出生に関わった産土の神の使いが、「蛇体の者」という男の姿で、ふさの夢枕に立ったというのである。

その後の勝五郎——農業、目籠作りで生活

勝五郎を生まれ変わらせた不思議な老人と、姉ふさの夢に現れた老人とは同じ仲間（熊野神）であり、ふさの夢に現れたもう1人の「蛇体の者」とは、ふさの出生地の産土の神（氷川大明神）だろうと父源蔵は推測し、篤胤が考察を加える。

さて熊野神も（氷川大明神と同じように）もともとはスサノオノミコトの御霊《みたま》を祀《まつ》ったのだから、とりわけ両者に縁があったのだろう。勝五郎の生まれ変わりは、程久保村（東京都日野市）の鎮守の神が何神であるかは聞いていないが、中野村（同八王子市）の鎮守の神と相談してなされたのだろう。

それというのも、人によって出生地を去り他所へ移って生活する者も多く、そういう人を出生地の神と現在地の鎮守の神とが互いに守護することは、私が最近見聞した事例から明らかだ。

こうしたことは神の道を知らない人には理解しにくく怪しく思われるだろう。詳しく言いたいが、長くなるのでここでは省く。

神仏のいる世界は幽冥界《ゆうめい》（あの世）であり、大国主命《おおくにぬしのみこと》が主宰し、その末々を国々所々の神が分担して治めるという、自らの持論に行き着かせ、篤胤はいったん勝五郎の話を終える。『勝五郎再生記聞』の後半は、古今東西の生まれ変わり事例などについて、篤胤の考察が展開される。

ところで勝五郎は、その後の文政８（１８２５）年８月、篤胤の門人になった。篤胤の学舎（気吹舎《いぶきのや》）の『誓詞帳《せいし》（門人帳）』に「武州多摩郡中野村源蔵忰　小谷田勝五郎十一才」と記録されている。勝五郎の名前の左下に紹介者が書かれていないので、篤胤が直接門人になるよう勧めた可能性が高い。

学舎の記録『気吹舎日記』の同年８月26日に「（父）源蔵、勝五郎を連れて来る」とあり、翌年３月25日まで学舎に滞在。その後も文政10年ごろまで学舎に出入りしていたようだが、その後を伝える記録は残っていない。

当時を伝える勝五郎にちなんだ建造物としては、文化元年ごろ建立された勝五郎の祖父勘蔵の実家（本家）がある。勘蔵の兄小谷田忠次郎が引き継いだ。忠次郎は高野山を詣でた際の交通手形を残しており、信心深く経済力があったことがうかがえる。同家には明治27（１８９４）年に書き写された『勝五郎再生記聞』が所蔵されている。

勝五郎の父源蔵は、百姓の傍ら副業として目籠（竹籠）を作って江戸へ売りに行った。

目籠作りは、多摩の地場産業で、柚木村や中野村などが中心地域だった。源蔵の江戸での宿は馬喰町（中央区）の相模屋喜兵衛であった。勝五郎も後年、父と同じように農業の傍ら目籠作りをしながら豊かな生活を送ったという。

勝五郎調査団の小宮豊さん＝日野市＝たちの調査によると、勝五郎はやがて結婚し父源蔵の下から分家した。先妻は「まん」、後妻は「なみ」といった。

勝五郎の家は祖父勘蔵の実家の南側である野猿《やえん》街道（八王子と多摩を結ぶ道路）沿いにあった。実子がなかったので「与右衛門」という6歳の少年を養子に迎えた。与右衛門はそれから14年後の明治元年、20歳の時「さく」と結婚した。

勝五郎は、その翌年の明治2（1869）年12月4日、55歳で病没した。その時、妻なみは52歳だった（明治3年12月作成『武蔵国多摩郡中野村平民族戸籍』）。葬儀には和尚が5人も来たという。

その後、養子与右衛門の夫婦は、勝五郎の妻なみを世話しながら横浜方面へ転居した。絶家になりかけた勝五郎の家だったが、

勝五郎の墓。戒名は潭底(たんてい)潜龍居士＝八王子市柚木の永林寺

中野村井戸之上の金子権六という徴兵令の兵役免除を請う人が家督を買い取り、勝五郎の家と墓は引き継がれた。当時の徴兵令は、家の跡継ぎになれば兵役が免除されたからだ。以後、権六は小谷田姓を名乗り、子孫が代々勝五郎の家と墓を守ってきた。

勝五郎の生まれ変わり話——子々孫々と語り継ぐ

勝五郎の没後、妹のつねが勝五郎を祀《まつ》る人が絶えないように願って碑の建立を発願し、自由民権運動家の佐藤俊宣《としのぶ》（1850〜1929年）に草稿を依頼した。だが碑の建立まで至らなかった。俊宣は新撰組の後援者だった日野の名主（村長）佐藤彦五郎の息子。母は土方歳三の姉だ。

さて勝五郎の実家である父源蔵の家はどうなったのか。安政2（1855）年、源蔵は80歳で亡くなった。この時、勝五郎は既に結婚し分家していた。天保14（43）年、中野村『宗門人別御改帳』には源蔵の家の欄に「乙次郎32歳」とあり、この時点で源蔵の家督を継ぐべき勝五郎の兄乙次郎は生存していた。だが、その後の消息は分からず源蔵が死去したとき乙次郎は既に死亡していたようだ。源蔵の家は継ぐ者がなく絶家となった。

だが、隣家の造り酒屋「十一屋」に嫁いでいた勝五郎の姉ふさの娘婿・重蔵が動いた。十一屋の当主を継ぎ中野村の名主（村長）でもあった重蔵は、家督を長男重助に譲り、明治3（70）年4月15日、義母ふさの実家に入って源蔵の家を再興させた（南多摩郡由木《ゆぎ》村役場戸籍謄本）。

その後、重蔵は勝五郎の妹つねの四男健吾に源蔵の家を継がせようとしたが果たせず、再興は重蔵一代で終わった。源蔵の家の墓は十一屋の子孫が守ってきたようだ。

こうして勝五郎の家族をはじめ関係者は代々移りゆくのだが、人々は勝五郎の生まれ変わり話を子々孫々と語り継いできた。そして平田篤胤著『勝五郎再生記聞』をはじめ、池田冠山著『勝五郎前生話』などいくつかの書籍が後世に残った。

明治30（97）年9月、小泉八雲が米国と英国で『仏の畠の落穂』を出版。そこで「勝五郎の転生」を執筆し、海外に生まれ変わり話を紹介した。1957年、米バージニア大学医学部精神科主任教授イアン・スティーブンソンは、八雲が紹介した「勝五郎の転生」を読み、「生まれ変わり現象」の研究を始めた。以来今日まで同大学医学部知覚研究所は、死後の魂（意識）について研究を重ねている。

ところで篤胤は、なぜこれほどまでに死後の世界に関心を寄せたのか…。江戸時代後期、西洋科学がわが国に浸透していた。天動説は成り立たず、地球が太陽の周りを回る地動説が真実であることを篤胤はすでに知っていた。だが天体観察して法則を見いだす西洋科学にも篤胤は飽き足らなかった。より根源的に宇宙の起源とは何かを探究した（『霊能真柱《たまのみはしら》』1813年）。

篤胤は、世界の始まりを『古事記』の神話に見つけた。国内外の文献をあさり、世界の神話とも比較した。西洋科学を学びながらも日本古来の儀礼や風習、伝承なども研究。聞き取りといった民俗学的な調査方法を取り入れた先駆者でもある。そして篤胤の世界には、死後の世界も含まれていた。その世界がいかなるものなのかを「幽冥《ゆうめい》論」として理論付け、裏付けになる事例を求めていた。そこに勝五郎が現れたのである。

今、勝五郎の前世とされる藤蔵の家の当主小宮豊さん壽子《ひさこ》さん夫妻をはじめ、日野市郷土資料館の学芸員北村澄江さんらを中心に構成する「勝五郎生まれ変わり物語探求調査団」が研究を深めている。

「ほどくぼ小僧　勝五郎生まれ変わり物語―勝五郎生誕２００年記念展」が２０１５年９月19日から11月15日まで日野市立新撰組のふるさと歴史館で開催された。

勝五郎生誕200年記念展のポスター

中国の生まれ変わり事例——聡明さ、勝五郎と類似

『勝五郎再生記聞』の後半は、勝五郎の事例を普遍化するように、古今東西の生まれ変わり事例が紹介される。

生まれ変わりの事例は、日本や中国で、昔も今も大変多く見られるが、見識の狭い漢学者たちは理解せず、あり得ないことだと断言する。これについては以前『鬼神新論』（1820年）で神霊の実在を古典に照らして主張した通りだ。

また僧侶は、生まれ変わりを認めているようだが、容易に誰もが生まれ変わるかのように言う。

人が世に生まれるのは、神の産霊《むすび》（天地・万物を生み出す神霊）によってだ。1日に千人死ねば、新たに1500人生まれるという。ごくまれに人が動物に、動物が人に、人が人に生まれ変わる。こうしたごくまれな事例を、僧侶は日常的なことのように、あれこれと言い合う。

生まれ変わりは、神が最も秘密にしている事柄だ。極めてまれに前世を記憶して生

まれる者はいるが、深い理由があるからだろう。凡人には、神の気持ちが計り知れない。

前世を記憶していない生まれ変わりを除き、正確に前世を記憶していた事例を漢籍（中国の書籍）から挙げてみる。

晋の羊祐は前世に李家の子供だったが、前にもてあそんでいた金環（金製の輪）のありかを記憶していた。鮑靚《ほうせい》という者は、前世に井戸に落ちて死んだ。唐の孫緬《そんべん》という者の召使いは、前世はタヌキだった。崔《さい》顔武という者は、前世で杜明福という者の妻だったなど、それぞれが記憶していた。こうした事例は多くの書に見られ、数え切れない。

よく知られる事例の一つに勝五郎に似たものがある。『酉陽雑俎《ゆうようざっそ》（唐代の怪異記事を集録した書）』に次のような話がある。

顧況《こきょう》（727〜815年）は進士《しんし》（科挙の合格者）であり唐時代の詩人として名をなしたが、年老いてから、17歳になる息子を失った。息子の魂は夢うつつわが家を離れなかった。顧況は深く悲しみ詩をつづった。

老人一子を喪ふ（老いた私が一人息子を失った）／日暮れ泣血《なみだ》を成す（泣き暮れて涙が血に変わった）／心は断猿を逐《お》ひて驚き（私の心は、子を捕らえられた母猿が悲しみのあまりに死んだかのようだ）／跡飛鳥に随《したが》ひて滅《き》ゆ（旅立つ鳥の、後を追うように息子は逝った）／老人年七十（老いた私は70歳）／多時の別れを作《な》さず（別れを惜しむには歳月が短すぎる）

魂となった息子は、父の詩に深く感じて嘆き「もしもまた人となれるなら、この家に生まれたい」と誓った。

しばらくして息子は、ある場所に連れてこられた。そこに県吏（地方の役人）のような人がいて、息子をまた父顧況のいるわが家に連れ戻したかに思われた。

息子は、それ以後のことを覚えていないが、気が付くとそこは、わが家だった。兄弟や親族が皆そばにいた。だが話し掛けようとしてもできなかった。（やがてそこに、息子は生まれ変わったが）しばらくは前世のことを何も覚えていなかった。ところが7歳の時、兄がふざけて彼をぶったところ、息子の口から意外な言葉が出た。「ぼくはおまえの兄さんだぞ。どうしてぼくをぶつ！」

家族は驚き、怪しんで何のことかを問うと、息子は前世での出来事を詳細に語り始めた。するとその内容に少しも誤りがなかった。後に進士となった顧非熊《こひゆう》がこの息子である。

父顧況と同じように最難関の官吏登用試験「進士」に合格した顧非熊は、また父のごとく詩人であった。前世を記憶する多くの子供たちに見られる聡明《そうめい》さを顧非熊も持ち備えていた。勝五郎もそうであったように。

顧非熊として生まれ変わるきっかけは、息子を失った父の深い情愛だろうか。父の想《おも》いに息子の魂が、熱く応えたかに思われる。そして生まれ変わりを導く県吏のような人がいた。勝五郎の場合は、それが老人であった。

平田篤胤著『鬼神新論』の版木（秋田県立図書館蔵）

生まれ変わり――「鎮守の神のお導き」

勝五郎と似た中国の事例を紹介しよう。

1198年ころ成立した奇怪な伝説集『増補夷堅志《いけんし》』から…。代州崞《かく》県（山西省）に盧忻《ろきん》という人がいた。生まれて3歳でよく話をし、前世の記憶を母に語った。

ぼくの前世は、回北村の趙《ちょう》氏の子だった。19歳の時、放牧している牛を山から下へ追い掛けていた。でも秋の雨で草が滑りやすくなっていて、ぼくは足を滑らせて転び、崖の下に落ちた。

ようやく起き上がって見ると、ぼくのそばに誰かが倒れていた。ぼくと同じ牛飼いが、崖の下に落ちて倒れているのかなと思い、大きな声を上げて、その牛飼いに呼び掛けたが、反応がなかった。よくよく見ると、その牛飼いは、ぼく自身だった。

そこでぼくは、何とかしてその体に入ろうとしたが、できなかった。ぼくは自分の体を見捨てることができず、左右を徘徊《はいかい》していた。

翌日、両親が来てぼくの死体を発見した。声を上げて激しく泣く両親に、ぼくは何度も話し掛けたが、両親は聞こえない様子で、何も反応しなかった。

やがて両親は、ぼくの体に火を付けて焼こうとした。その時、「ぼくを焼かないで下さい」と叫んだが、ぼくの声は届かなかった。

火葬が終わり、家族は骨を拾ってその場を去った。ぼくは後に付いて行こうとしたが、両親を見れば身の丈が1丈（約3メートル）を超えているかに思えた。ぼくは恐ろしくなって、後に付いて行けなくなった。

ぼくは帰る所もなく、さまよいながら1カ月月余りを過ごしたが、どこからともなく1人の老人が現れた。そして「おまえを帰してやろう」と言うので、後に付いていくと、ある家に着いた。老人はその家を指さして「ここがおまえの家だ」と言って、ぼくを生まれ変わらせた。これが今のぼくだ。

盧忻は続けて母に話した。

夕べ、ぼくは夢で前世の両親に、このことを告げた。だから明日、前世の親がぼくに会いに来る。前世の家で飼っている白馬に乗って前世のお父さんが来るはずだ。

母は盧忻の夢の話が信じられなかった。だが翌日、母と盧忻が家の門で待っていると白馬に乗った人が、まっしぐらに駆けてきた。盧忻は一目散に飛び出して叫んだ。

「お父さんが来た！」

盧忻の前世の父が、盧忻を迎えに来たのだった。盧忻は父と抱き合って、泣きながら昔のことを話した。全て事実と一致していた。これ以降、盧忻は、盧氏と趙氏の二つの家で養われることになった。これなどは勝五郎の話に、特によく似た事例である。

唐《とう》土《ど》（中国）でも城《じょう》隍《こう》神《しん》といって産土の神のように所々に鎮守様が祭られている。生まれ変わりを導いた「県吏のような者」も「老人」も、その正体は、この産土の神のような鎮守の神々であろう。

そもそも生まれ変わりのことは和漢の書籍に多く記録されている。広

平田篤胤著『古今妖魅考』＝秋田県立図書館蔵

範囲に調べて考えると、顧況の長男が顧非熊《こひゆう》に、趙氏の子が盧忻に、程久保村（東京都日野市程久保）の藤蔵が今の勝五郎としてそれぞれ生まれ変わったことは、わが国では産土の神、唐土では城隍神のお導きである。

この他に妖魔《ようま》（妖怪や化け物など）が生まれ変わることも多い。これについては『古今妖魅考』（1821年、極楽と地獄は幻想と説く）と名付けた拙著で詳しく論じた。

中国もわが国も生まれ変わりを導くのが、鎮守の神や産土の神だと篤胤は確信する。

生死導く神の世界——政宗も生まれ変わり

人は死後、神の元に帰り、また神の導きでこの世に生まれ変わると篤胤は説く。夢のお告げで生まれ変わった中国の事例が紹介される。

妖魔（霊的存在）に惑わされることがなかった多くの人々の死後の魂は、所々の鎮守の神々に守られ、最も尊い神霊が鎮まる所に導かれるだろう。

中国の書籍から…。宋の王曾《おうそう》（977〜1038年）の父親が、孔子（中国春秋時代の思想家、儒教の祖）が現れる不思議な夢を見た。そこで高齢にもかかわらず、子宝を祈願した。「孝行で知られる孔子の弟子曾参を、わが家に生まれ変わらせてください」と。

すると間もなくして男子が授かった。この子が後に宋の宰相（君主を補佐し政務を執る最高の官）となる王曾だ。

宋の高宗（南宋初代皇帝）の夢に、三国時代の蜀の関羽将軍の霊が現れ、同じ仲間の張飛将軍を、相州《そうしゅう》（河南省）岳家の子に生まれ変わらせたと告げた。一方、岳家の父は、張飛が自分の子として生まれ変わる夢を見てから男子が授かったので、その子に岳飛《がくひ》（1103〜41年、南宋時代に活躍した武将）と名付けた。

こうした事例は、尊い神霊の所に帰っていた魂が再び生まれ変わったのであり疑う余地がない。

夢のお告げで生まれ変わった一人に伊達政宗がいる。仙台藩の正史『伊達治家《じけ》記録』によると、政宗の母義姫《よしひめ》は修験者の長海上人に命じ、忠孝と文武の才ある息子が授かるよう湯殿山に祈願させた。

長海上人は湯殿山の湯に浸した幣束《へいそく》（祭礼や祈禱《きとう》に用いる道具）を義姫の寝所の屋根に置いた。すると義姫の枕元に白髪の老僧が立ち、胎内に宿を借りたいと願い出た。翌晩、再び枕元に現れた白髪の老僧は幣束を義姫に授け、「胎育し給え（胎内で育てなさい）」と告げた。幣束は修験道で「梵天」といって神の依代《よりしろ》（心霊のよりつくもの）だ。

政宗の幼名「梵天丸」はこうして付けられた。そして白髪の老僧が隻眼《せきがん》（片目）の修験者満海上人。政宗はその生まれ変わりだという逸話だ。

勝五郎もそうだが、白髪の老人が現れて出生を導くことが似ている。篤胤は老人を産土の神ととらえ、魂の世界に行った人々を導くと考えた。

米バージニア大学医学部の故イアン・スティーブンソン博士は、魂の世界と現世について考察している。

「宇宙には、物理的世界と心理的世界の少なくとも二つがあるのではないか。この二つの世界は相互に影響を及ぼし合う。私たちが現世にいる間は、心が肉体と結びついているため、肉体とかけ離れた心だけの体験は制約される。だが死んだ後は肉体の制約から解放されるので、心理的世界のみで暮らすことになろう。そして、心理的世界でしばらく生活した後、その人たちの一部、あるいは全員が、新しい肉体と結びつくかもしれない。それを指して私たちは、生まれ変わったと称するのである」（イアン・スティーブンソン『前世を記憶する子どもたち』日本教文社、１９９０年）

死後の世界を篤胤は、神々のいる「幽冥界」と唱えたが、スティーブンソン博士は「心理的世界」と表現している。

> 世の人々が死んでから行く幽冥のことは、杵築大社《きづきのおおやしろ》（出雲大社）に鎮座する大国主命が永遠に治めている。それは神世の時代に天照大神や産霊大神《むすびのおおかみ》の詔命を下したからだ。以上は神典（神代のことを記した書物）などに詳しい。
>
> 　なお古伝（昔からの言い伝え）に基づき、十分考察しても、大国主命が幽冥全体を

統括して治めていることは明らかで、末端は国々所々の神々が分担していると考えてよい。

すべてこの世に大君（将軍）がいて政治の大本を統治し、国々所々を分割して治めているように、幽冥のことは大国主命が統治し、末端は国々所々の鎮守の神、氏神、産土の神などが分担して治めている。人が世に生きている間は言うに及ばず、生まれる前も死んでから後も守って下さるだろう。

篤胤は、大国主命の幽冥界主宰神説を繰り返す。

稲荷の使者が夢に――身近な神の信仰促す

氏神の神事を行えば、災難に遭わないと篤胤は考えた。

中世から伝わる昔あったことを紹介しよう。『古今著聞集《ここんちょもんじゅう》（鎌倉中期の説話集）』に次のような話がある。

吉田神社は藤原氏の氏神だ。仁安《にんあん》3（1168）年4月21日、吉田祭りの日、伊予守藤原信隆朝臣《あそん》（後鳥羽天皇の外祖父）は氏子なのに神事をせず、仁王講《にんのうこう》を行っていた。すると常夜灯（一晩中ともしておく明かり）の火が、障子に移って自宅が焼けた。隣に同じ氏子の民部卿《みんぶきょう》藤原光忠の家があったが、神事を行っていたためか延焼を逃れた。大炊御門《おおいのみかど》室町（京都市）での出来事だ。神威《しんい》（神の威力）恐るべきだ。

藤原氏の氏神・奈良の春日大社を勧請したのが、京都にある吉田神社だ。藤原信隆は吉田神社の神事をしないで、「仁王講」という「仁王般若経（仏教経典）」を読経する法会《ほうえ》を行ったため自宅が焼けた。一方隣の藤原光忠は吉田神社の神事を行ったので延焼を逃れたと篤胤は判断する。

「仁王般若経」は、災難をなくし幸福を得ると説く仏の教えだ。それなのに藤原信隆は火事に遭った。篤胤は仏事よりも、氏神の神事を優先すべきだったと考える。

また藤原重澄は若いころ、兵衛尉《ひょうえのじょう》（兵衛府の判官）という官職に就きたいと願い、稲荷神社（産土の神）の氏子でありながら、他の土地にある賀茂神社に奉仕し土蔵まで造って献上した。

稲荷は『延喜式神名帳《えんぎしきじんみょうちょう》』にある「山城国紀伊郡（京都市伏見区）の御社（伏見稲荷大社）」をいう。賀茂神社は「愛宕郡《おたぎのこおり》（京都市北区）の賀茂別雷《かもわけいかづち》神社」だ。

重澄は兵衛尉になりたくてあちこちに手を回し、社家（神主）に推挙されていたから、外れるはずはなかったが、たびたび除目《じもく》（任官の儀式）で選ばれなかった。重澄は祈祷師に言いつけて任官されるよう祈願してもらった。すると祈祷師が次のような夢を見た…。

稲荷大明神から使者が訪れた。用件を聞くと使者がこう告げた。「重澄の願いは絶対に聞き届けられない。重澄は我が膝元に生まれながら、我を忘れている（産土の神を差し置き、他の土地の神を信仰している）」と。

こうして稲荷大明神の言葉を使者が伝える形で、祈祷師との問答が繰り返された。「そういうことで今回は重澄を除目から落として思い知らせ、次回の除目を…」と言って稲荷大明神の使者は帰った。

祈祷師は驚き、急いで重澄のもとへ駆けつけ、この夢の内容を報告した。真偽を怪しんでいたところ、果たして次の除目でも任官されなかった。

重澄が夢の真偽を確かめようと、稲荷神社へ参拝すると、特に働き掛けなかったが、次の除目ですんなりと任官された。こうした話は、いろいろな書物に見られる。

重澄は産土の神を忘れ、他の土地の神を熱心に信仰していた。それが希望する官職に就けない要因となった。だが産土の神に参拝したところ、すぐに任官されたという。

このように鎮守の神や氏神などが、その所々の人々を分担して守っていることを自覚すべきだ。

寛平7（895）年12月3日の官符（太政官が諸国に下した公文書）に「人々の氏神のほとんどが畿内にある。毎年2、4、11月の先祖の祭りをなぜ、なくそうとするのか。もしも従来通り行おうとする者がいれば、すぐに祭りを強制する官宣（太政官から諸社寺への公文書）を下そう」とある。氏神の祭りを勧め、産土の神も大切にすべきだ。

篤胤は、身近な神への信仰を力説する。

信仰の在り方――地元の神を最優先に

地元の神への奉仕は、主君に仕えるのと同じことだと篤胤が説明する。

『塵添壒囊抄《じんてんあいのうしょう》』（室町末期の百科事典）は、地元の神を熱心に信仰し、余裕があれば他の土地の神から御利益をいただくべきだと、神に仕える考え方を論じている。

神への奉仕の仕方について、『神宮雑事《じんぐうぞうじ》』という秘録は、自分のあるじ（地元の神）を差し置いて、他のあるじ（他の土地の神）に従うようなことをしてはならないと説く。

あからさまに地元の神を差し置いて、他の土地の神の御利益をいただこうとするのは、あたかも主君に背いて、他の土地に君主を求めるかのようだ。道理に合わないことだと知るべきだ。

だからたとえ狭い土地にいても、地元の神の恩徳をないがしろにしてはならない。地元の神社が破損すれば、自分がどんなに破れた着物をまとおうが、餓死を覚悟で神社の修復に奉仕すべきだ。

今思うと、仏のことでは、破れた着物をまとっても命をかけて行動する人が多い。

だが自分のよりどころである神のことでは、そういう人がいないのがたいそう残念だ。もしも地元の神が、信仰心のない者の過ちをとがめて祟《たた》ったら、どんなにお願いしても、他の土地の神は助けてくれないだろう。逆に他の土地の神の祟りを受けたときは、地元の神が大いなる恵みを持って祟りを鎮めてくれるだろう。こうしたことを理解して神に仕えるべきだ。

これは神の実際のありさまをうかがい得た内容であり、僧にとってはとりわけ心に響く意見だ。

なお僧の中にも、まれに心の機微が理解できる者がいる。『新拾遺《しゅうい》和歌集』（14世紀半ばの勅撰和歌集）で法印源染が詠んでいる。「後の世も此の世も神にまかするやおろかなる身の頼りなるらむ」（あの世もこの世も神に任せよう。神が愚かな私の頼りになるだろう）

同歌集には藤原雅朝朝臣《あそん》の歌もある。「さりともとねても覚めても頼むかなおろかなる身を神にまかせて」（よもやいつも頼むのだ。愚かな身を神にゆだねて）

『続後拾遺《しょくごしゅうい》和歌集』（鎌倉時代の勅撰和歌集）の権大納言二条為世《ためよ》（鎌倉後期の歌人、藤原定家のひ孫）の歌に、「後の世も此の世も神のしるべにて　おろかなる身のまよはずもがな」（あの世もこの世も神の導きであるから、愚かな私は思い悩まなくていい）

とある。以上3首は同じ心情を詠んだ歌だ。

また、鎌倉後期の僧無住《むじゅう》道暁が『沙石集《しゃせきしゅう》』（仏教説話集）に次のような逸話を載せている。三井寺《みいでら》の公顕僧正《こうけんそうじょう》は、言葉で説く教えの「顕教《けんぎょう》」と祈祷など秘密の教え「密教」の両方を学んだ学僧で、信心深い人として評判高かった。

高野山の明遍僧都《みょうへんそうず》は、公顕僧正を慕い、善阿弥陀仏という隠遁者《いんとんしゃ》に公顕のことを語った。そして善阿に、公顕の優れた立ち居振る舞いを見てくるように言いつけた。

善阿は高野檜笠《ひがさ》に、丈が短い黒衣を着て三井寺に行き、訪問した理由を告げた。そして自分は高野山から派遣された旅の僧だと語った。すると公顕は、善阿を喜んで招き入れ、夜もすがら話がつきなかった。

翌朝、公顕は浄衣《じょうえ》を着て幣束《へいそく》（お祓いに使う紙を挟んだ木）を持ち、一間の帳《とばり》を掛けている所に向かって何かしらの所作（礼拝《らいはい》など）を行った。善阿は、意外な作法だと思った。これが3日間ほど続いた。様子をじっと見ていた善阿は公顕に質問した。「毎朝の御所作が風変わりに見えます。あれはいかなる行いですか」と。公顕は答えた…。

この後、僧侶である公顕が意外な発言をすることになる。

わが国は神国――「本地垂迹説」を批判

三井寺の公顕僧正《こうけんそうじょう》が毎朝、風変わりな所作（礼拝など）を行うので、諸国を巡る高野山の善阿弥陀仏が質問した。すると意外な答えが返ってきた。

「喜んでお答えしよう。都にある神々は言うまでもなく、地方諸国に至るまで、伝え聞いた日本中の神々の名を書き、神霊をこの一間の帳《とばり》に招き入れた。そして神呪《しんじゅ》心経（『西遊記』で知られる玄奘《げんじょう》三蔵が訳したお経）などを唱えている。だが仏教の修行でない。生死の苦から、悟りの境地に入るための祈りだ。わが国は神国。われらは皆その末裔《まつえい》。神でなく仏を信仰しては、本来のご加護が得られない。皆が気持ちを一つにして神を信仰すべきだろう。そう願って、長年にわたり、毎朝この所作を続けている」

旅の僧善阿は、公顕僧正に「誠に尊い行いでございます」と述べ、喜んで帰った。

そして高野山の明遍僧都《みょうへんそうず》に伝えた。すると明遍僧都は公顕僧正を「智者だから愚かな事をするはずがない。今更ながら感激した」と評し、うれし涙をこぼしたという。

「青は藍より出て藍より青し」（出典『荀子《じゅんし》』）のことわざのように「仏から出て、仏よりも尊いのが神の御利益だ」と明遍僧都と善阿は語り合った。

（※筆者注釈…仏が本来の姿であり、仏が仮に神の姿になって衆生を救済するという説から、「神が仏から出た」と解釈された）

公顕僧正の足跡を慕い、心ある人は公顕僧正に学ぶべきだと語る2人は、道理の分かる僧たちだ。

だが神が仏に秀でる恩恵を心得ながらも、なお僧として一生を終えるのは惜しいことだ。僧は、その当時（平安後期—鎌倉時代）から、いまだに真《まこと》の道を学んでいるが、まだ詳しく理解していない。

世にあまねく普及している仏教を、捨てがたく思っている。またお経の多くが後世の著作物であり、典拠が明らかでないことに気付いていない。それに仏が衆生を救うため、仮に神の姿になって現れるという考え（「本地垂迹説《ほんじすいじゃくせつ》」）は、明らかに誤りだ。

さて、『壒嚢鈔《あいのうしょう》』（室町中期の百科事典）に「なぜわが神（日本の神）を後回しにして他の神（外国の神＝仏教）の御利益を得ようとするのか。もしわが神が祟《たた》りをなせば、他の神にいかに頼んでも助けてくれないだろう」とある。これは、もっともなことだ。

物部《もののべの》尾輿《おこし》と中臣鎌子《なかとみのかまこ》（共に飛鳥時代、大王《おおきみ》を補佐した豪族）が仏教導入論を退けようとしたとき、「わが国家は常に天地社稷《あまつやしろくにつやしろ》百八十神《ももやそのかみ》の祭りを行う。あらためて蕃神《ばんしん》（外国から伝来した神）を拝めば、国の神の怒りを受けるだろう」と言った。この道理を考慮せず、なお仏にへつらい、僧で生涯を終えるのは誠に気の毒だ。

また、物部守屋《もりや》（尾輿の子）と中臣勝海《かつみ》の言葉に「なぜわが国つ神（国土を守護する神）に背いて他神《あだしかみ》（他の神）を敬うのか。これまでの由来を知らないからだろう。他神とは仏のことだ」とある。

また、無住《むじゅう》法師（仏教説話集『沙石集《しゃせきしゅう》』の編者）が、「心ある人は公顕僧正の足跡に学びなさい」と言ったのは、もっともなことだ。また『荀子』の例えを引いて、神を仏から出た垂迹（仮の姿）と考えるのは、僧と

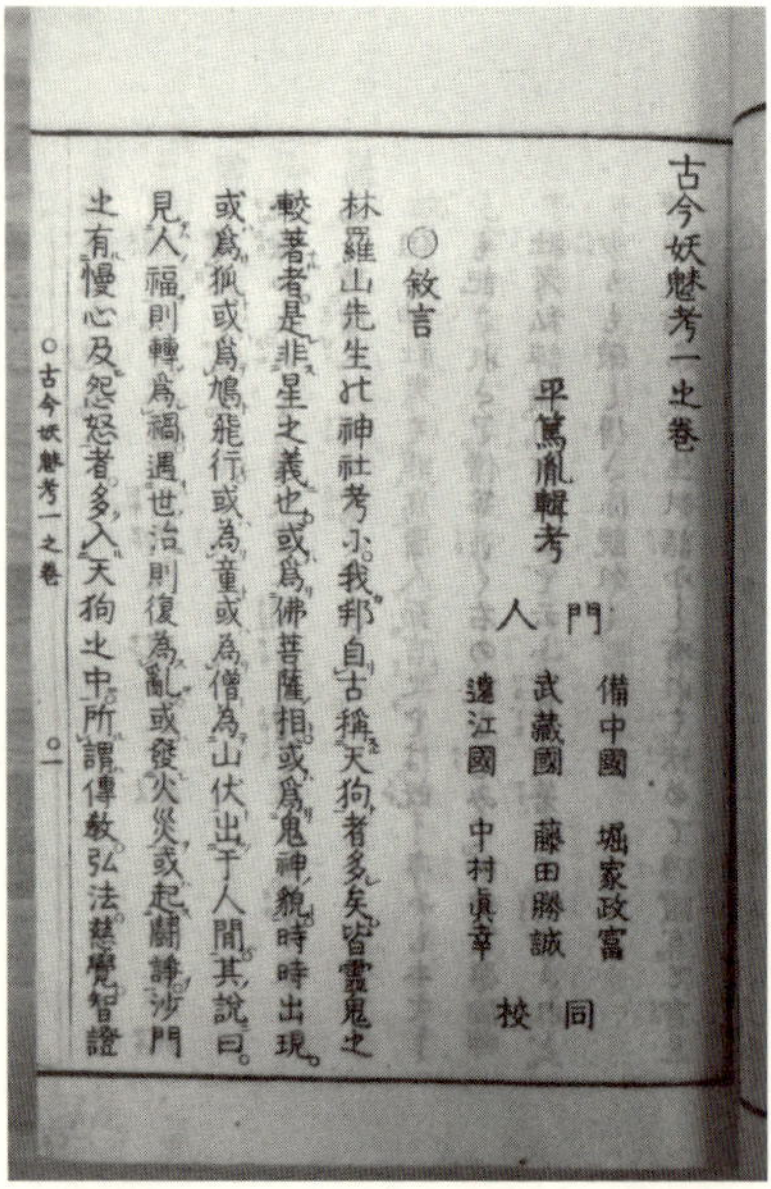

古今妖魅考一之巻

平篤胤輯考　門人　備中國　堀家政富　同　武藏國　藤田勝誠　校　遠江國　中村貞章

◎叙言

林羅山先生此神社考云我邦自古稱天狗者多矣皆靈鬼之較著者是非星之義也或爲佛菩薩相或爲鬼神貌時時出現或爲狐或爲鳩飛行或爲童或爲僧爲山伏出于人間其説曰見人福則轉爲禍遇世治則復爲亂或發火災或起鬪諍沙門之有慢心及怨怒者多入天狗之中所謂傳教弘法慈覺智證

○古今妖魅考一之巻　○一

平田篤胤が著した『古今妖魅考』。林羅山の『本朝神社考』が紹介されている＝秋田県立図書館蔵

して無理がないだろう。だが実は、国土、人民、草木はもちろん、釈迦《しゃか》も達磨《だるま》も猫も杓子《しゃくし》もみな神の垂迹であり、神が本来の姿だ。このことを無住法師が知らないのが誠に残念だ。

そもそも仏が本地（本来の姿）であり、神が垂迹だという説を、林羅山先生（江戸初期の儒学者）が反論している…。

林羅山は自著『本朝《ほんちょう》神社考』で、『古事記』『日本書紀』などの国史に照らし合わせ、神道と仏教が混じり合う神仏習合思想を排斥した。

神が人に煩悩与える――仏の教えと矛盾指摘

「本来は仏だが、神の姿になって命あるものを救う」という「本地垂迹説《ほんじすいじゃくせつ》」を批判する林羅山。その羅山の説を味方につけながら、篤胤は自論を展開する。

「こういう正統から外れた説は、私が批判したことで理論的に立ちゆかなくなった。その異端説は日の神が大日如来で、その他の神々ももともとは仏であり、垂迹（仮の姿）が神だという。時の王侯、有力者がこれをすっかり信じこみ真実に気づかなかった。ついに神社と仏寺が混交し、少しも疑わない状況になった。現在、真実を知っているのは書を読み、ことわりを知る少数の人のみだ。普通の人々は理解していない」（このように林羅山が反論したにもかかわらず）僧などはいうに及ばず、世の人々も「仏が本地（本来の姿）、神は垂迹（仮の姿）」だと格言のように言う。もしその通りなら、神は仏の意のままであり、仏の思い通りに神が動くはずだ。だが実際はそうでない。

神が天地万物を生み出す時、心のままに人の身体をつくり、生殖機能を与え、煩悩の一つである愛欲を持たせた。仏教の開祖釈迦《しゃか》も人に変わりない。

神がすなわち仏ならば、なぜ仏は神に、仏道修行の妨げになる生殖機能を、人に持たせたのか。生殖機能があると煩悩（愛欲）が起こる。釈迦も妻を3人持ち、子供を3人生ませているではないか。

仏は神に生殖機能がある万物をつくらせておきながら煩悩を戒める。これは井戸を深く掘って水が出るのを憎むのと同じく、ばかげたことだ。

篤胤は『古事記』をはじめ広く聖書も研究し「天地創造の神」を見つけ、神が人間をつくったと判断したようだ。篤胤は、それを前提にして考察する。

神がつくった人の世に、仏教が伝来すると、仏が神の本来の姿で、神は仏の仮の姿だと考えられるようになった。

菩提（ぼだい）樹の下で瞑想（めいそう）する釈迦。そこに煩悩の化身である魔神マーラが現れたという（絵・筆者）

ところが神は、子孫を残す機能を人に与えた。だが仏教の修行は、煩悩を戒める。当時主流の本地垂迹説だと仏が本来の姿で、仏から神が遣わされる形だ。そうなると煩悩を戒めるはずの仏が神に、煩悩を起こさせたことになる。これは道理に合わない。初めに神があって人に愛欲を持たせ、そこへ仏が現れて煩悩を戒めるという論理なら自然であり、筋が通るだろうと篤胤は考えたのだろうか。

この一つの事例からしても、神は天地万物の大本であることが分かる。以上は幼稚な論だが、世の人々に読ませようと『古今妖魅考』の一部を紹介した。

さて勝五郎の生まれ変わりについても僧や仏教の信者は、さまざまにこじつけて経典（仏の教えを記した書）の証拠にしたがる。古い事例も今の事例も、生まれ変わりといえば、仏の霊威のように考えたがるのだ。

また生まれ変わりのことを記録する際に、仏教的立場から書き取ろうとするのが常だ。すべて極楽や地獄、生まれ変わり、因果応報などについては、伝え方が簡潔なものと詳細なものとがある。どこの国でも、昔からあることなので、釈迦が初めて伝えたのではない。

これらの話は、もともと仏教に関係がない。それなのに仏教学者たちは、事実を無理にこじつけ、仏教の経典をつけ加えた。さらに物事が起こった訳をよく検討せず、儒教の経典の一部分を見て判断しがちだ。

今あらためて仏教思想が渡来する前の和漢の書をひもとき、昔から伝えられている事柄を詳しく読み解き考察すべきだろう。

文政6癸未《みずのとひつじ》（1823）年5月8日

伊息廼屋《いぶきのや》（篤胤の雅号）のあるじ記

さて産土《うぶすな》の神について最近見聞きしたことをいくつか伝えよう。

これから産土の神に関わる不思議な事例が紹介される。

金比羅山の霊験――禁酒の約束破り高熱

神々に関わる不思議な話が紹介される。石工の弟子が病を治すため、好きな酒を断ち、金比羅《こんぴら》の神に祈願したら全快した。だが鎮守の神の祭りの日、断ったはずの酒を人々から強く勧められる…。

倉橋与四郎氏（幕府の役人か）が拙宅（篤胤宅）を訪れて、次のような話をした。

文化12（1815）年のことだ。小石川戸崎町（東京都文京区小石川）に住む石屋長左衛門という石工の弟子・丑《うし》之助は、重い瘡毒《そうどく》（梅毒）を患った。病状を診た医師は、「これは治らない」とさじを投げた。

丑之助は人並み外れた大酒飲みであったが、讃岐国（香川県）象頭山《ぞうずさん》の神に、酒を断って願を掛けたら、あれほど重かった病気が、だんだんと良くなった。だが、もともと酒が何よりの好物だった丑之助は禁酒ができず、時々「酒しほ」と名付けて野菜に酒を浸して飲むことがあった。

ちなみに讃岐国象頭山の別当寺（神社を管理する寺）は松尾寺金光院だ。この寺には、秘密の事柄が書かれた正確な伝記がある。それによると、象頭山は、元は琴平《ことひら》といい、大国主命《おおくにぬしのみこと》の和御魂《にきみたま》である大物主神《おおものぬしのかみ》を祭った山だった。

大国主命が持つ荒御魂《あらみたま》（荒々しく勇猛な神霊）と、和御魂《にぎみたま》（柔和な徳を備えた神霊）のうち、和御魂を持つのが大物主神である。大物主神は、大国主命の「優しい魂の分霊」といえようか。

だが修験道の開祖役小角《えんのおづぬ》が、象頭山に登った時、天竺《てんじく》（インド）にある金毘羅の不思議な霊験にあったことから「金毘羅」という名前に改めたという。琴平の大物主神と金毘羅とを混合したのである。

これは三輪山（奈良県桜井市）の大物主神を、比叡山の大宮（日吉大社）に勧請したのと似ている。だからこそ松尾寺金光院の秘蔵の書籍には、出雲大社、三輪山、比叡山の大宮の祭神が、同じ大物主神だとある。

なおこの後、金毘羅には、保元の乱で讃岐に流された崇徳上皇《すとく》（1119〜64年）の御霊《ごりょう》（怨霊）を白峰宮《しらみねぐう》から遷して一緒に祭ったという説もあるが、書籍の記録はない。しかし世間に広く知られている説だ。やがて神の御心《みこころ》があれば、真実だと世に知られる時も来るだろう。

以上のように金毘羅という名前こそ仏ではあるが、実体は全く尊い神なのであり、決しておろそかに思ってはならない。

世間一般の神道者や修験者などは、独自に金山彦命《かなやまひこのかみ》（鉱山の神）であるという説を主張する。これは「金毘羅」の「金」の字から思いついた杜撰《ずさん》な言い分であり根拠がないことだ。

さて丑之助の話に戻る。その年の9月10日は、例年のように土地の鎮守氷川大明神の祭りだった。その前日に、地元の若者たちが丑之助に言った。「おまえは狂踊り《たわれおど》り（扇合わせという舞い）が上手なので、いつものように明日、踊ってくれ！」

すると丑之助が首を横に振った。「何を言うか！　俺は瘡毒が治らず死ぬ寸前だった。それが金毘羅様に願を掛け、酒を断ったら治ったのだ。このことは、おまえたちも知っているはずだ。酒は飲まれない！　酒を飲まないで、あの踊りをやるのか？　俺はできないよ」

それに対してみんなが強引に言った。「明日は鎮守の神様の祭りだぞ。だから特別さ。いつもとは違うんだ。酒を大いに飲み、踊りをやってくれ。大丈夫さ！」

丑之助は「そうか。その通りだな…」とうなずき、祭りの当日は、朝から友人たちと酒を酌み交わして遊びほうけ、すっかり酔いしれていた。

ところが巳の刻（午前10時ころ）あたりから、にわかに高熱が出て苦しみだした…。

金比羅の神との約束を破り、高熱にうなされる丑之助はどうなるのだろうか。

祟りに苦しむ丑之助——鎮守様に救い求める

江戸小石川の石工の弟子丑之助《うし》は、好きな酒を断って、金比羅《こんぴら》の神に願を掛け難病が治った。だが鎮守様の祭りの日、禁酒の約束を破り、大酒をあおってしまい高熱にうなされた。

「ああ…熱い。熱くて、熱くてどうにもならない。金毘羅様！　酒を飲んでしまった俺をお許し下さい」と丑之助はもがき苦しみながら謝った。

その場にいた人々は驚き、「なんだ？　どうしたのだ？」と尋ねた。すると丑之助は、(鎮守の社の）庭の空を指さして叫んだ。

「おまえたちに見えるか！　金毘羅様があそこにいらっしゃる…」。みんなは一斉に庭の空を見た。だが何も見えなかった。

「金比羅様はどのようなお姿をしているのか？」とみんなが丑之助に尋ねた。丑之助は、ハーハーと火のように熱い息を吐きながらやっと答えた。

「金比羅様は、黒髪を長く垂らし、冠装束をされて雲の上にお立ちになっている。たいそう多くのお供が付き従い、端折傘《つまおり》を横から差してもらっている。金比羅様の前には鬼神《おにがみ》のような力士がいて、金比羅様のおっしゃることをうかがっている」

金比羅の神の言葉を、鬼神が代わりに丑之助に伝えた。それを丑之助が憑《つ》かれたかのように語った。

「おまえの病気は極めて重く、治るはずがなかった。だがおまえが熱心に私に祈るので治してやった。それなのにおまえは、時々こっそりとわずかずつだが酒を飲んでいた。しかも今日は朝から思いのままに大酒をあおって酔いしれるとは気に入らぬ。よって手足の指をすべて折らせる！」

そう言い終わらないうちに、もう丑之助は身をかがめ、「お許しください。お許しください…」と大汗をかいて泣き叫んだ。

その時、丑之助は何かに押されて足の指を折られた気がした。その恐ろしさは言葉で言い尽くせない。だが若者たちが丑之助を救おうと気合を入れ、力を合わせて丑之助を引き起こそうとした。

それなのに若者たちは、何かに物を投げつけられたかのように突き飛ばされ、丑之助に近づくことができなかった。

その様子が、あまりにも恐ろしかったので、日頃は鬼がいるなら、かかってこいと威勢を張る男たちがわれ先に皆逃げ出し、震えているありさまだった。

片足の指を全て折られたと感じた丑之助は、悲鳴を上げた。「鎮守様、鎮守の氷川大明神様！　お助けください。お出でください。俺がしたこの罰から助けてください」しばらくして丑之助は今度、「沢蔵司《たくぞうす》稲荷《いなり》様が、お出でになった！」と言った。そして人々に「近寄ってはいけない！」と告げた。それから起き上がって畏《かしこ》まり、そのままじっとしていた。

　その後、丑之助は腹ばいになって庭に出てひれ伏し、神々を送り出す振る舞いをした。この時はすでに、もがき苦しむ様子が治まっていた。人々は寄り集まって、何があったのかを丑之助に尋ねた。

　丑之助は語った。「金毘羅様のお怒りになる様子があまりにも恐ろしかった。雲の上にお出でになり、俺の方を流し目で一目見るたびに、俺を押し伏せているあの力士が、俺の足の指を一本ずつ折った。そうして左の足の指が皆折られたと思った時、俺を救いに鎮守様が大勢の従者を従えて束帯《そくたい》（公家

丑之助を救いに来た束帯姿の鎮守様の想像図（絵・筆者）

の正装）姿で現れた。鎮守様は、金毘羅様に向かっておっしゃった…」

他の土地の神の祟《たた》りを受けたとき、地元の神が祟りを鎮める。この篤胤の持論が、実例として紹介される。

澤蔵司稲荷の慈悲――身を捨てて信者守る

丑之助は金比羅《こんぴら》の神との約束を破り、祟《たた》りに遭った。だが産土の神が丑之助を助けに現れ、金比羅の神に語りかけた。その内容を丑之助が、憑《つ》かれたかのように口にした。

「丑之助は、あなた（金毘羅の神）に祈り、酒を断つ約束をして病を治してもらった。それなのに今日は、たいそう大酒をあおった。非難されるのはごもっともだ。だが丑之助は、元から私の氏子だ。今日はとりわけ私の祭りであるため、私を楽しませようとして、人々にそそのかされ大酒をあおったのだ。だから許してほしい。たとえ丑之助を非難されようとも、一応は私に、その事を話してほしかった。それから丑之助を罰するのが道理ではないでしょうか。だが、そのようなお話が私になく、いきなり私の氏子の丑之助に罰を与えるのは、理解できかねます…」と鎮守の神である氷川大明神が切々と語った。

するとと金毘羅の神は、なるほどと、うなずかれた様子だったが、返答はなく、互いににらみ合ったままだった。そこに小石川の伝通院《でんづう》（徳川将軍家の菩提寺《ぼだい》）の澤蔵司《たくぞうす》稲荷《いなり》の神が、お出でになった。澤蔵司稲荷は僧の姿で、浅黄《あさぎ》（薄い黄色）の頭巾を深くかぶっていた。

ここからは篤胤の解説。

伝通院を中興させた廓山《かくざん》上人のとき、梅檀林（修行するところ）に学寮長の極山《ごくざん》和尚がいた。元和４（１６１８）年4月のある夜、廓山上人をはじめ極山和尚と同学の僧の夢に、一人の僧が現れて「入学したいので明朝登山する」と告げた。翌朝、極山和尚の寮へ僧が一人現れて、謁見を求めた。このことを廓山上人に伝えると、正夢だと不思議がった。そして寺に入ることが許され、澤蔵司と名付けられた。澤蔵司は、ひときわ学識と人格に優れ、みんなから尊敬された。３年修行し浄土宗の奥義を極めた。

澤蔵司は元和６（20）年5月7日夜、再び極山和尚の夢枕に立ち、「私の真の姿は吉祥寺（江戸城内）の稲荷大明神であり、今から元の神に戻るが、長く当山（伝通院）を守護し恩義に報いたい。そこで当山に小社を造ってほしい」と伝え、白狐の姿になって暁の雲に隠れ去った。こうして澤蔵司稲荷の社が建立されたのだという。

澤蔵司稲荷は、狐神（狐そのものが神）を祭ったのだが、人々が稲荷神（宇《う》迦《か》之《の》御《み》魂《たま》神《のかみ》）と名付けて祭ったために、澤蔵司も自ら稲荷神を名乗った。でも稲荷神と呼ばれているが、やはり澤蔵司は狐でないのか。これについては別に詳しく論じたものがある。

　さて澤蔵司稲荷が僧の姿なのはなぜなのか、と思う人もいるだろう。伊勢国（三重県東部）で、老いた狐がある男に取り憑いてさまざまなことを語った。その中に「稲荷と名付けられた狐神は、民家で祭られたものは一般人の姿をし、寺で祭られたものは僧の姿で現れる。おのおの主人の身分によって狐神の身分も定まる」という。これは

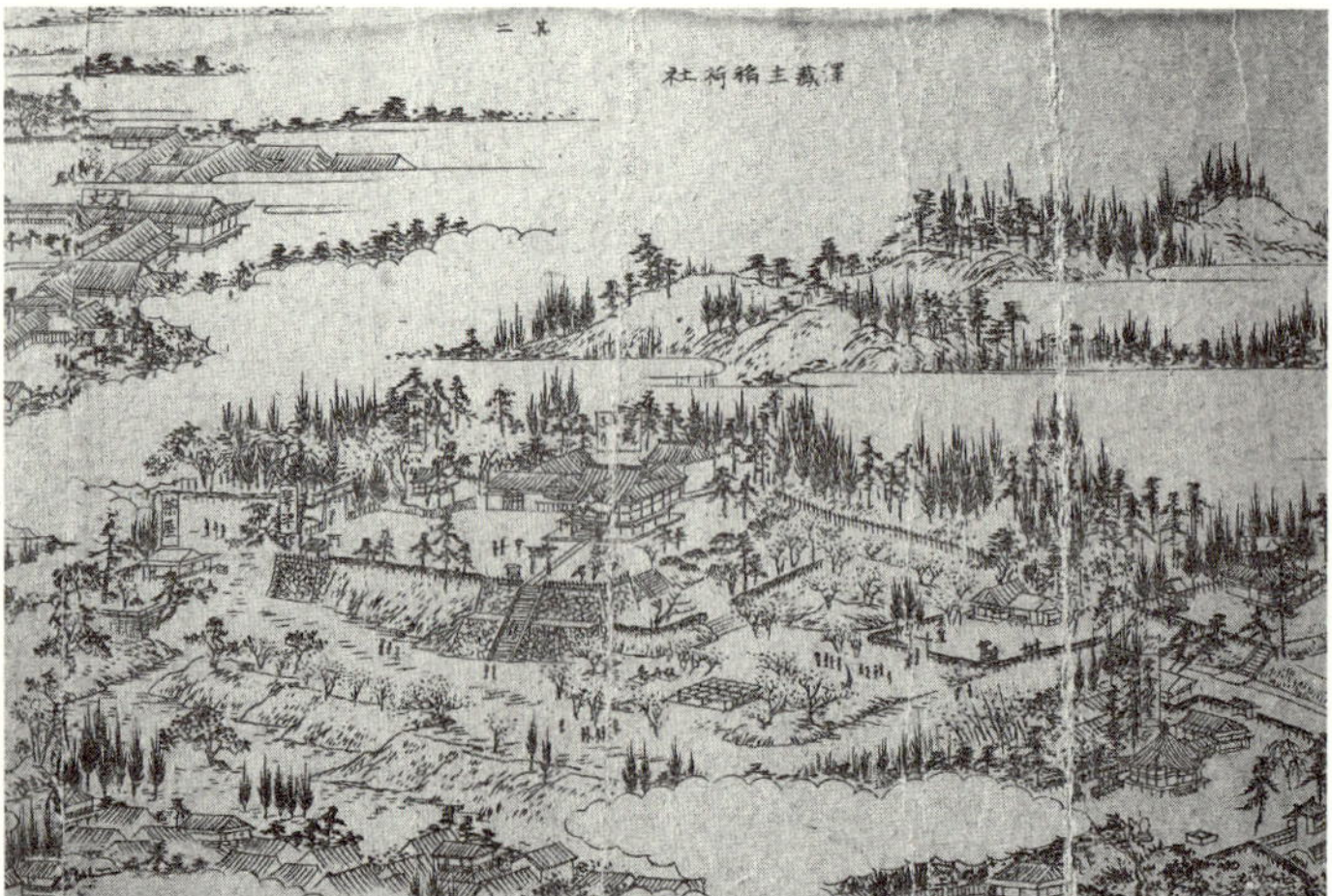

江戸名所図会「無量山境内大絵図」（1750年ごろ、部分）。中央の石垣上の建物が澤蔵司稲荷＝慈眼院澤蔵司稲荷提供

小竹真桿から以前聞いた話と一致する。

ここからは再び丑之助が口にした内容。

澤蔵司稲荷の神は、金比羅の神と氷川大明神の間にひれ伏し、大変畏《かしこ》まっている様子で、次のように語った。

「私は伝通院の澤蔵司です。金毘羅宮のお怒りと氷川大明神のおっしゃることは、ごもっともです。もとはと言えば、丑之助の気の緩みから起こったこと。おとがめするのは当然です。ですが丑之助は時々私のもとへも参拝し、身の上のことを祈りました。そこで私がこの場に参上したのです。金毘羅宮と氷川大明神のお怒りは、私が一身に頂戴します。その罪を私が一身に背負います。ですから丑之助の罪を許してください。許してもらえたら、丑之助を讃岐（香川）の金毘羅宮のもとへ参詣させましょう」

澤蔵司稲荷は、にらみ合う金比羅の神と鎮守の神の間に立ち、丑之助の罪を自らが一身に背負うことで丑之助を許してほしいと懇願した。わが身を捨てて信者を守る慈悲深い神である。

産土神の崇りを紹介──根底に修験への共感

約束を破り金比羅《こんぴら》の神の祟《たた》りに遭った丑之助を、鎮守の氷川大明神が助けようとしたが、両者はにらみ合ったままだった。そこに江戸小石川の澤蔵司稲荷《たくぞうすいななり》が現れ、丑之助の罪を自分が背負うので許してほしいと懇願した。

金比羅の神と氷川大明神は、そうした澤蔵司稲荷の思いやりに和まされたようで、互いに会釈して厳かに別れた。

以上のことを丑之助は大きな息を吐きながら、恐怖のために身体を震わせて人々に語った。だが丑之助の左足の指三本は、骨折したままだった。

人々は一部始終を目の当たりにしたので、非常に恐れて震え上がった。そうしてお金を出し合い旅費を準備して、丑之助を讃岐（香川）の金比羅宮に参詣させたところ、骨折した指が元のように治ったという。

このように産土《うぶすな》の神の守護があれば、他の神の祟りから逃れることができるようだ。

この話に関わって私（篤胤）も、松村完平から聞いた話を紹介したい。

松村は篤胤の門人。神仙界（仙人が暮らす世界）と人間界を往還する寅吉少年こと高山嘉津間から神仙界の模様を聞き取って記録した人物だ。

大阪に声がたいそう美しく、今風の長唄（三味線伴奏による長編の謡曲）を謡って生計を立てている男がいた。

その男がある日、用事があって道を歩いていると、山伏姿の人に会った。通りすがりの山伏姿の人は、声の美しい男に言った。「あなたの美声を、しばらく私に貸してください」

美声の男は、山伏姿の人の言ったことが冗談だと思い、笑いながら「ああ」とうなずいて通り過ぎた。

それから3日ほどして美声の男は、これといった病気を患《わずら》っていないのに、急に声がかれて出なくなった。この時、山伏姿の人に自分の声を貸したから、声が出なくなったのだということに全く気付いていなかった。

美声の男は、住吉神社が産土の神なので、声が出るように拝んでこようと思って出掛けた。その途中、またあの山伏姿の人に出会った。

山伏姿の人は言った。「先頃あなたは、私がお願いした通り、声を貸してくれた。それなのにそのことを忘れ、産土の神に拝もうとするのは理解できない。あなたが、そのように祈れば、私は神から必ず罰を被る。そうなれば私は、あなたをひどい目に遭わせるかもしれない。そうならないように、しばしの間だから、私にぜひとも声を貸してください」と頼んだ。

美声の男はここで初めて自分が山伏姿の人に声を貸していたことに気付き、にわかに恐ろしくなった。そして「絶対に産土の神には、お祈りしません」と、山伏姿の人に堅く約束して家へ帰った。

さて30日ほど過ぎたころ、美声の男が道を歩く途中、また山伏姿の人に出会った。すると山伏姿の人は、美声の男に対して、「今、あなたの声を返します。受け取ってください」と伝えた。

すると、たちまち声は元通りに

美声の男から、声を借りた山伏姿の人の想像図(絵・筆者)

なった。こうして山伏姿の人は、お礼として美声の男に呪禁《じゅごん》（まじない）の技を授けた。これは万病に効いた。後に美声の男は、唄謡いの仕事を辞めて、この呪禁の技だけで裕福な暮らしを送ったという。

「山伏」とは、山に伏して修行する姿から名付けられた修験者のこと。修験者は加持祈禱や呪術儀礼も行う。修験道はまさに神仏習合の信仰であり、日本の神と仏教の仏（不動明王など）が祀《まつ》られてきた。篤胤は仏教など外来宗教を排斥しつつも、修験道を肯定的に受け入れている。

異界から戻った子供——神に届いた親の祈り

美声の男が山伏姿の人に声を貸したら、しばらく声が出なくなった。やがて声は戻され、お礼として万病に効く呪禁《じゅごん》（まじない）を授けられたという。

声を貸したなどということは、あるわけがないと疑う人もいるだろう。しかし上総《かずさの》国東金《くにとうがね》（千葉県東金市）という所に住む孫兵衛という人は、異人（異界の人）から口と耳とを借りられ、3年間ほど話すことも聞くこともできなかったという。声を貸した話と似ている。

また、今井秀文（1792～1871年、後の大国隆正《たかまさ》、篤胤門人、国学者）が、「ある諸侯（諸大名）から聞いた話だ」として語った内容を紹介しよう。

その諸侯が治めている領地のある子供が、異人にさらわれて行方不明になった。両親はひどく泣き悲しみ、子供が帰って来るよう産土の神に必死に祈った。

すると4、5日して子供が帰って来て、次のような話をした。

「異人に連れて行かれた所は、どことも分からない山だった。異人がたくさんいて剣術などの稽古をしていた。ときどき酒を酌み交わすことがあって、その盃を、遠くの谷を隔てた山の頂などに投げては、『取って来い！』と、おらに言いつけた。おらは『どうやって盃を取って来るのですか？　おらにはできそうにありません』と断った。すると異人たちは怒って、おらを谷底へ突き落とした。その瞬間、不思議なことに、おらは何のこともなく、たちまちのうちに、その山の頂に立っていて、それから盃を持って異人たちの前にいた。全てこんなふうに異人たちから使われて毎日を過ごしていた。だが昨日、異人たちがおらに言った。『おまえの両親が、おまえの帰りを熱心に祈っているので、早く帰してやれと、産土の神がおっしゃった』と。そういうことで、おらは送り帰された」

ここまでが今井から聞いた話。以下は篤胤の意見。

また、備後国《びんごのくに》（広島県東部）の稲生《いのう》平太郎という人の所にやって来た山本《さんもと》五郎左衛門という妖怪が、平太郎と受け答えした。その時、産土の神が現れ、平太郎のそばに寄り添って妖怪から守った。そのため平太郎は、妖気に犯されることがなかったという事例もある（『稲生物怪録《もののけろく》』）。
このことから考えられるのは、妖怪が人に取り憑《つ》いて禍《わざわい》をなすようなささいなことは、産土の神たちがすっかりと手中に収め、対処してくれるということだ。産土の神は氏子たちを守り、妖怪を追い払ったり、退治してくれる。だが産土の神を信仰しない氏子には、おのずからその守護が厚くないようだ。このことはよく心得ておくべきだ。
こうした説の真偽を、寅吉（高山嘉津間）に試しのつもりで質問してみた。（寅吉は幼いときから仙人の使いとなって深山で数年過ごしてきた。神の実際の様子を知っているので聞いたのである。寅吉のことは『仙境異聞』にまとめている）
寅吉は答えた。「誠に（篤胤の）おっしゃる通りです。山でも、そのようにお聞きし

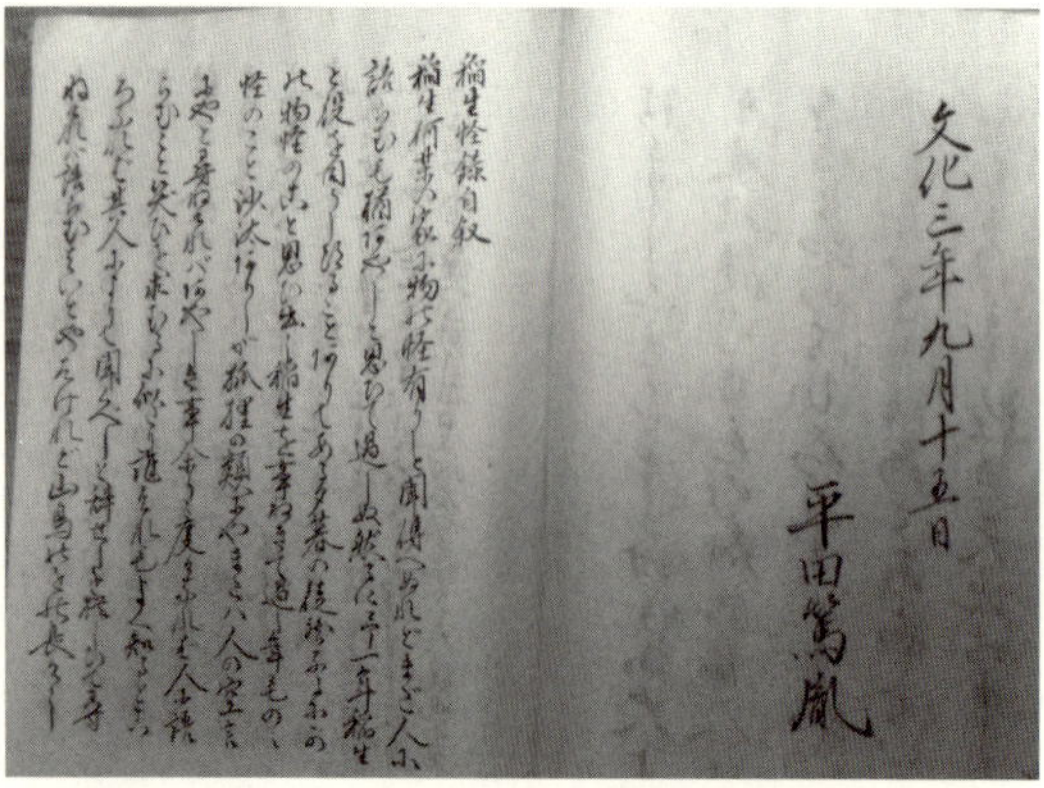

平田篤胤が校訂し、序文を記した『稲生物怪録』。江戸時代の三次（みよし、広島県三次市）を舞台とした妖怪物語＝秋田県立図書館蔵

ています。産土の神から厚く守護されている人には、妖怪であれ何であれ、厄をなすことができません。たまたま神が守っていない隙を狙って、妖怪に誘惑される人がいます。でも親が心を込めて神に祈れば、妖怪は人をこの世に戻さざるを得ないのです」

異人に連れて行かれたり、妖怪に取り憑かれても、産土の神を信仰していれば救ってくれるという篤胤の持論は事例によって補強されていく。さらに異人や妖怪に誘拐されたとき、親が神に心を込めて祈れば、神が異人や妖怪に働きかけ、連れ去った子供をこの世に戻してくれるという。異界で暮らした寅吉の証言も、篤胤の説を根拠付けるものとなった。

突然姿消した少年――「天狗にさらわれた」

異人（異界の人）に連れ去られたり、妖怪に取りつかれても、産土《うぶすな》の神を信仰し、この世の人々が熱心に祈れば救われるという篤胤の考えは、異界で暮らした寅吉の証言によって裏付けられていく。だが必ずしも、そういかない場合があると寅吉は語る。

「それでも場合によっては、人が異界（あちらの世界）の事情を、この世に漏らすことを避けるため、妖怪が人を阿呆《あほう》（馬鹿）のようにして、この世に送り返すことがしばしば見られる。神のご加護もそれを防ぐことはできないようだ。またこの世の人々が、異界にさらわれた人の帰りを、いかに熱心に祈っても、この世に戻ってこない場合がある。それは神と妖怪が互いに、何かをしようとして、人を異界にとどめ置き、使おうとするためだろう。だからいくら祈っても、必ずかなうとは限らない」

自らの体験による寅吉の証言は、時によっては異界から戻れないことがあるという。神と妖怪が、さらった人を使うというが、何をさせるのだろうか。その内容については具体的に書かれていない。
こうした奇怪な事件例を、篤胤も紹介する。

寅吉の話を聞いて思い出したことがある。

わが家（篤胤宅）を訪れては、あれこれと質問して帰る野山又兵衛種麻呂という男がいる（通称・又兵衛）。家は江戸南鐺《こじり》町というところだ。又兵衛には多四郎という息子がいる。文化13（1816）年、多四郎が15歳の時だ。

多四郎は、芝口日蔭町（港区新橋）という所に住む多四郎のいとこ（母のおい）万屋安兵衛の家に泊まっていた。その時、誤って釘《くぎ》を踏みつけ、大けがをした。それで多四郎は、安兵衛の家で寝込んでしまった。

5月15日のことだ。日が暮れて灯火をともすころだった。多四郎は、痛む足をこらえて無理に下駄《げた》を履いた。裏の便所へ行って小便をするためだ。その様子を安兵衛の家族は、確かに気付いていた。その時だ。「あっ！」と叫ぶ多四郎の悲鳴が聞こえた。

家族が急いで駆けつけると、すでに多四郎の姿は見えなかった。そこには多四郎のちぎれた片袖が落ちていた。履いていた下駄は、屋根の上にあった。

家族の人たちは驚いて口々に、多四郎の名を呼び叫んだ。だが何の返事もない。これは天狗《てんぐ》にさらわれたに違いないと、家族は判断した。急いで多四郎の父又兵衛のもとに、知らせの使いを走らせた。

又兵衛が急いで安兵衛の家に駆けつけた時には、安兵衛と同じ長屋の人たちが威勢よく集まり、（これまで行方不明となった人々を救う時の）ならわしによって太鼓、鉦《かね》を打ち鳴らして呼びに出ようと騒ぎ立てていた。又兵衛は言った。

「これはまさに天狗の仕業だと思う。通り一遍に呼び叫んでも息子多四郎が帰って来るはずがない。いたずらにみなさんのお手を煩わせるのは心苦しい。まずは鉦、太鼓をご遠慮下さい」

しかし騒ぎ立てるのがならわしであるため、人々は多四郎の父又兵衛が止めるのを振り切って外へ出た。やむなく又兵衛は自宅へ戻り、泣き崩れている家族に事情を詳しく説明した。

「俺がお祈りして、必ず多四郎を連れ戻す。だから泣くな！」と家族を慰めた。

又兵衛は髪をかき乱して、井戸端で水を全身に浴び身を清めた。そして2階にある神棚の前へ行った。

多四郎をさらう天狗の想像図（絵・筆者）

そこでかしこまり、常日頃私（篤胤）が又兵衛に教えている内容に従って祝詞をあげたという。

果たして多四郎は天狗にさらわれ、異界へ行ったのだろうか。天狗は実在するのか。父又兵衛が神に祈ることで神が動き、息子多四郎は戻って来るのだろうか。

異界に行った息子——父の祈りかない生還

便所で「あっ！」と叫び、急に姿を消した多四郎。家族は多四郎が、天狗にさらわれたと考えた。そこで父又兵衛は、息子多四郎が戻って来るよう神々に祈願した…。

又兵衛があげた祝詞《のりと》は、まずはじめに産土《うぶすな》の神である龍田神《たつたのかみ》に。次に万《よろず》の神々に、「私の祈りを早くお聞き届け下さい」と唱えた。

又兵衛が信仰した龍田神の総本宮である龍田大社は、風神として古くから信仰されてきた。その摂社《せっしゃ》（付属する神社）である龍田神社の伝承は、『再生記聞』に似ているところがある。

それによると、法隆寺の建立場所を探していた聖徳太子が、白髪の老人に出会った。白髪の老人は、太子に言った。「斑鳩《いかるが》（奈良県生駒郡）が仏教の栄える地だ。私が守護神になろう」と。白髪の老人は龍田大明神だった。太子は斑鳩に法隆寺を建立。その鎮護として龍田神社を祀《まつ》ったという。

「前世知る少年」、すなわち勝五郎を、この世に生まれ変わらせたのも白髪の老人だった。神が人格化する際に、白髪の老人になって現れる。そうした伝承は少なくない。

さて父又兵衛の祝詞は、延々と続く…。

「八百万神《やおよろずのかみ》よ、とりわけ神の世界を治められている大国主大神《おおくにぬしのおおかみ》、それに産土大神よ。穏やかで優しい霊魂でなく、荒ぶる霊魂をもって、神々よ、残らず全てお出で下さいませ。そして私の願いを聞き届けて下さい。私は深く神を尊び、神霊のご加護を敬ってきました。自らの心を正し、一日も神を拝まないことがございませんでした。それなのに今、わが子がこんな災難に遭うとは、神が頼りにならないからでありましょうか。一方では愚かな者たちに、後ろ指を指されるのが恥ずかしい。そうであれば私の恥は、神の道の恥でもありましょう。明日とは言わず、今すぐにわが子を返してくださいませ…」

又兵衛は大声で繰り返し、汗だくになりながら6時間ほど祈り続けたという。祈りがあまりにも高じて夜が明けていた。

又兵衛は、腹がすいた。そこで階段を下りて1階に行き、自分で飯びつ（おひつ）を取り出して、飯を2杯食べた。そうすると玄関で、慌ただしく戸を叩く音がした。

「誰ですか?」と又兵衛が問うと、「安兵衛のところから来ました。多四郎が今、帰りました。でも息が切れているように見えます。だから早く来てください」と言い置いて、そのまま立ち去った。

又兵衛は息子が帰還したことを大変喜び、神々に感謝を申し上げた。そして近所の医師を連れて、安兵衛の家へ急いで駆けつけた。

到着してみると多四郎は、すでに死んだかのように見えた。だが息はある。人々が多四郎を取り囲んで「多四郎! 多四郎!」と名を呼び、「どんな具合だ?」と問い返していた。

事の経緯はこうだ…。長屋の人たちが鉦《かね》や太鼓を叩いて、多四郎を探しに出ていた。家の人たちは、ただあきれ果てて、顔を見合わせているばかりだった。七つの鐘(午前4時ころ)を打つころ、突然長屋がぐらぐらと震動して、空から家の出入り口に、何かひどく大きな物が、落ちたような音がした。と同時に「う~ん」という、うめき声が聞こえた。

家の人たちが驚いて戸を開けると、多四郎が横たわっていた。やがて多四郎はのたうち回って庭に転がった。意識がないようだった。

顔に水を浴びせ、医師に気つけ薬(意識を呼び覚ます薬)を処方させ、少し身動きができるようになるのを待った。それから「多四郎！　しっかりしろ！　父さんだぞ」と3度ほど呼び掛けた。

するとと多四郎は、ぱっと目を見開き、又兵衛を見詰めた。

父又兵衛の必死な祈りがかない、多四郎は目を覚ました。それにしても多四郎はどこへ連れられ、どうやって帰ってきたのだろうか。

異界の様子――空を飛び、美しい山へ

空から何か落ちてきたような音がすると、多四郎が家の出入り口に横たわっていた。異界から生還したのだ。父又兵衛の祈りは届いた。だが多四郎は、のたうち回って庭に転がった。やがて意識が戻り、目を開けた。

そして答えた。「ああ…ありがたい。今、こうして戻れたのは、ひとえにお父さんのおかげだ」

又兵衛は多四郎に、これまで何があったのかを尋ねた。だが多四郎は、「恐ろしくて、今は話せそうにありません…」と答えた。多四郎は体を震わせていた。

又兵衛は「無理もない。その通りだな」と思い、多四郎をゆっくりと休ませた。それから二日二晩ほど多四郎は、疲れて眠り続けた。けれども時々、目を開けては「ああ恐ろしい！」と叫んだ。

やがて多四郎は、平常心に戻った。そこで詳しく尋ねると、これまでのいきさつを語り始めた…。

ここから多四郎の証言。

あの晩、釘《くぎ》を踏んで痛い足をかばいながら、爪先立ちして何げなく小便をしていた。すると、どこからともなく髪を垂らした大男が現れた。そしていきなり、おらに「来い！」と言った。と同時に、大男は荒々しくおらの腕をつかんだ。

おらが、大男の腕を振り放すと、大男は「小ざかしい！」と言って、両手でおらの首筋をつかんだ。

そのままおらは大男に連れて行かれ、屋上から空へ飛び上がった。こうなっては抵抗しても無駄だと諦め、じっと息を凝らしていた。

そうしてほんの少しの間に、どことも分からない、すっきりとして美しい山に来ていた。そこには、寺のような所があった。

おらがさらわれた時、江戸はすでに夕暮れだった。それなのに連れて行かれた美しい山は、まだ明るかった。

目を見開いて周囲をはっきり見渡そうと思った。でもおらは、驚いて気が動転していたので、よく見ることができなかった。

美しい山には、山伏（修験者）のような人、法師（僧侶）、あるいは俗形《ぞくぎょう》（一般人の姿）の人などが並んでいた。上座に座っていたのが、とりわけ目つきの怖い老法師だった。

おらを連れ出した大男は末座におらを引き連れ、無理やりに頭を下げさせた。この時おらだけでなく、12～13歳の子供を2人連れて来た男たちもいた。ここはきっと天《てん》狗《ぐ》のすみかに違いないと思った。

おらは悲しくなって泣いた。「家に帰してください！」と、床に額を付けてお願いした。でも大男は、おらの頭を押さえつけて「黙れ！　黙れ！」と繰り返して怒鳴った。それでもおらは、構わず何度も「帰してください！　帰してください！」と重ねてお願いした。

『再生記聞』で篤胤が語る異界は、どれも似ている。そこは、高い山の上の清らかで美しい所だ。天空のようでもある。

勝五郎の前世である藤蔵が出会った「白髪を長く垂らした黒衣の老人」は、藤蔵を「奇麗な芝が生えている草原」へ誘った。藤蔵は、花がたくさん咲いている草原で遊んだ。その風景も、どこか清楚《せいそ》な高原の雰囲気がある。

こうした異界の描写は、仙人が住むという仙境を思わせる。不老不死で神通力《じんずうりき》（超人的な能力）を持つ仙人は、高い山の上や天上などの仙境に住む。

仙境とは俗界を離れ、静かで清らかな所だ。仙人は異界とこの世、あるいは時空を超えて自由に行き来する。

篤胤が考える異界は、この世と隔離されているようでいて、時としては交流できる仙境のような所かもしれない。

天空にいる異人たちの想像図（絵・筆者）

目つきの怖い老法師――祈りの声に耳澄ます

父の祈りで生還した多四郎は、異界の様子を語った。そこには、「上座に座るとりわけ目つきの怖い老法師」がいた。多四郎の証言は続く……。

ふと顔を上げて、上座の老法師を見た。すると老法師は、何かとても恐れている様子だった。頭を傾け耳を澄まして、じっと何かを心の中で聞いているようだった。老法師が大男に向かって言った。「子供たちを使うつもりで、ここに連れてきたが、この子供（多四郎）の父親が神々へ厳かに祈っている。その声が遠くから聞こえてくるのだ。だから、やがて神の仰せがあるだろう…」

おらも耳を澄まして聞くと、お父さんが神様にお祈りしている声が、風に響いてよく聞こえてきた。

大男がおらに何度も「黙れ！　黙れ」と怒鳴ったのには、訳があった。老法師が耳を澄まして、お父さんの祈りの声を聞いていた。それなのに、おらが「家に帰してください！」としきりに叫ぶので、お父さんの声が聞き取りにくかったのだ。それで大男が、おらを怒鳴ったのだった。

多四郎の父又兵衛が最も信心したのが、風神である龍田神《たつたのかみ》だった。龍田神が風を操り、多四郎の祈りを異界に届けたのだろうか。

ところで「とりわけ目つきの怖い老法師」は、多四郎が言う天狗なのか、それとも仙人なのだろうか。

柳田国男（1875～1962年）が著した『遠野物語』に登場する天狗は、「眼の光がきわめて恐ろしい」（第29段）とか、神隠しに遭った娘が語る異人が「眼の色が少し凄《すご》し（気味が悪い）」（7段）などと描写され、目の表情がことさら強調されている。人をさらう天狗などの異人は、目が怖くて異様な存在に映ったのだろう。

中には神隠しに遭った美しい女房が、異人と夫婦になり「夫はいたって気の優しい親切な男だが、きわめて嫉妬深いので、それればかりが苦の種です」（『遠野物語拾遺』第110段）などと滑稽な描写もある。

篤胤は、民間伝承にある異界の様子を、初めて体系化して文章にした。柳田も篤胤と同じ手法をとった。

柳田が国学の先達と仰いでいるのが、実証性を重んじる本居宣長だ。宣長は事実からのみ、その本質を探り出そうとした。一方で観念的な篤胤を、柳田は嫌った。篤胤は前もって自説があり、その根拠付けに事実を使っているとされたからだ。だが柳田の深い理解者である民俗学者・折口信夫は述べている。

「柳田先生の学問の初めが、平田学に似ていると言うと、柳田先生も不愉快に思われ、あなたがたも不思議に思われるかもしれません。けれども（中略）柳田先生は平田翁の歩いた道を自分で歩いておられたです」

（『折口信夫全集第16巻』より「先生の学問」、中央公論社、１９８７年）。

そう見えた柳田だが、山の異界や異人を全く不思議な現象として捉えてはいない。時には山の奥深くに近代文明の恩恵を受けずに、独自の文化をもち、ひそかに生活している人々がいたことを把握していた。篤胤にない見解である。

「昔から近代において山中の住民が

柳田国男が宿泊した旧高善旅館と胸像＝岩手県遠野市の「とおの物語の館」

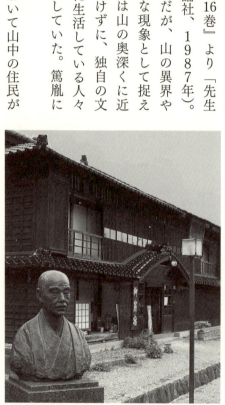

かたく天狗現象だと信じている中で、そうでないと思うことがある。山民（山中で暮らしている人）は幽界を畏怖するあまり、すべての突然現象や異常現象を皆天狗の仕業だと考えたがる。（中略）だが日本の山中には明治の今日でも、まだわれわれ日本人と全然縁のない一種の人類が住んでいることだ」（『妖怪談義』より「天狗の話」、修道社、1956年）。なるほど農商務省官僚として、農山間部の実態をくまなく調査・研究してきた柳田らしい発言である。

いずれにせよ『遠野物語』が誕生するには、柳田が生まれる32年前に世を去った平田篤胤の著作が、少なからず影響を及ぼしているように思われる。

異界にいた縁者——口添えが多四郎救う

さらわれた多四郎の生還を神に祈る父の声が、異界の老法師に届いた。すると「神の仰せがあるだろう…」と老法師が言った。多四郎の回想は続く…。

さておらは、老法師のことばを頼りに、なおも「帰してください。帰してください」と繰り返した。

そこには、異人たちがずらりと並んでいたが、50歳余りに見える男と、24〜25歳に見える男もいた。その50歳余りの男が、老法師の前に来た。そして手をつき、頭を下げてお願いした。

「この子供は、私に縁のある者でございますので、どうか帰してあげてください」と。老法師はおらに「それならば、帰りなさい」と言った。おらは「どうやって帰るのですか？　1人では帰られません」と答えた。すると老法師が、おらに連れ添っている大男へ「おまえが送ってやれ」と命じた。

その後、大男がおらを引っ張って連れて行き、大空に駆け上った。そこまでは覚えているが、その後は覚えていない。

多四郎が生還できたのは、父又兵衛の必死な祈りとともに、異人たちの上座にいる老法師に対して、自分の縁者だから帰らせてください、と口添えした50歳余りの男のおかげだ。この男は誰なのか。

次に篤胤が、その時の状況を伝える…。

多四郎の話を聞いた母やいとこの安兵衛は、その50歳余りに見える男の様子について、多四郎にいろいろと詳しく尋ねた。多四郎は見たままに伝えた。母はその証言を聞いて、とても驚いた様子で「思い当たるふしがある…」と切り出した。

ここから多四郎の母の話。

今から20年前、寛政9（1797）年のことだ。私の姉婿に万屋万右衛門という人がいた。そのころ、伊皿子台町（港区高輪）という所に住んでいた。万右衛門は、安兵衛のお父さんであり、多四郎の伯父さんに当たる。

この万右衛門が9月24日の夕方、藤蔵（安兵衛の兄弟）という7歳の息子を連れ、2人で芝の愛宕山（東京都港区）へ参拝に行っていたが、行方不明になった。

愛宕山へ参拝に詣でて行方不明になった親子は、多四郎の伯父といとこだ。この親子が、異界にいた50歳余りの男と、どんな関係にあるのだろうか。

芝の愛宕神社は、慶長8（1603）年、徳川家康によって防火の神として祀《まつ》られた。主祭神は、火の神である火産霊命《ほむすびのみこと》。その末社に、太郎坊神社がある。修験の霊山愛宕山の大天《てん》狗《ぐ》（位の高い天狗）に付けられた名前だ。

平和な江戸時代、町の人々が一番恐れるのが火事だった。天狗は羽団扇《はうちわ》（鳥の羽で作ったうちわ）で火を自由に操るので、天狗を祀って火事を防いだ。だが天狗は神でありながらも、時には人をさらう妖怪とも受け止められた。神様と妖怪の中間的存在なのだろうか。

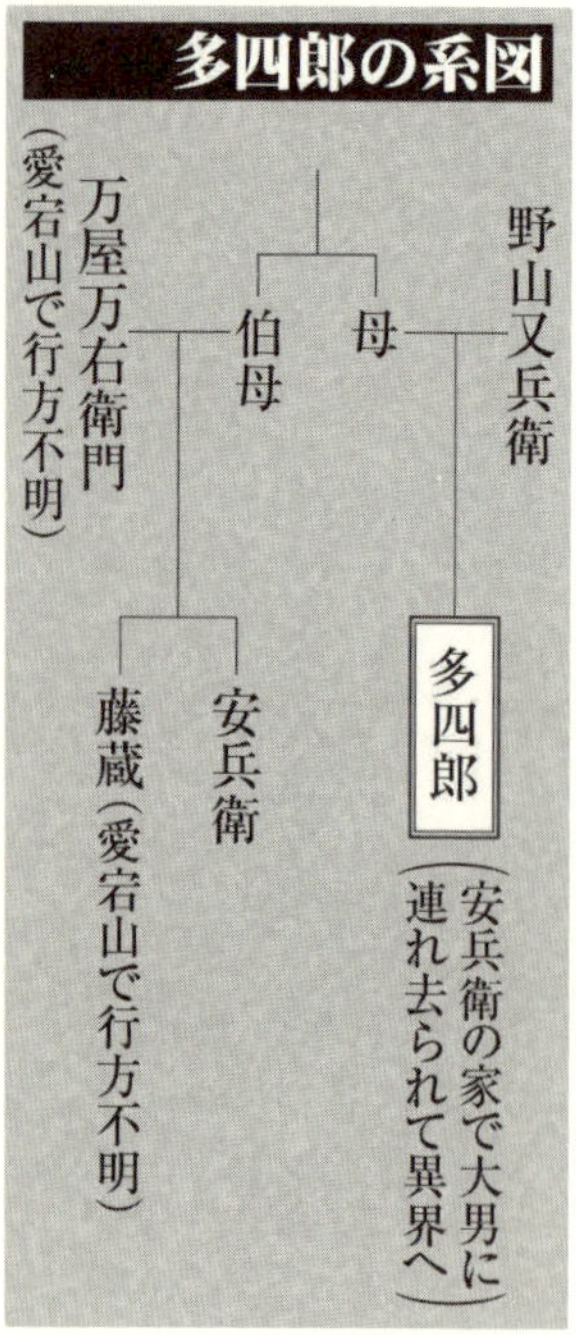

幽冥論 ── 永遠に近親者見守る

異界に連れ去られた多四郎を、自分の縁者だから帰らせてほしい、と老法師に口添えした50歳余りの男がいた。異界の様子を回想する多四郎の証言から、この男が誰なのかを母が推測する。

それは20年前の寛政9（1797）年、多四郎の伯父・万屋万右衛門といとこの藤蔵が、芝の愛宕山で行方不明になったことに関連があるようだった。母は語る…。

万右衛門は、銭二百文以外何も持たずに家を出ていた。それに幼い子供を連れているので、旅に出るはずがない。だが、ついに2人とも帰らなかった。

その後、巫女《みこ》を頼んで霊魂を招き寄せると、不思議なことを告げられた。

「今は2人とも、人の見えない所で異人に使われていて帰られない。異界から時々この世の人々の様子をうかがい見ることはある。だが2人がこの世の人々と会話することはできない定めなのだ」

この世から幽冥界《ゆうめい》を見ることはできないが、幽冥界に行った人が、この世を見ることはできる。これは篤胤の幽冥論だ。それが巫女の口寄せによって裏付けられる。

幽冥界は、人々の身近なところにある。死者の魂はこの世の人々と共にいるのだ。その魂は、祭祀《さいし》を行うことで人々と交流し、永遠に近親者や縁者を見守っていると篤胤は考えた。

こうした説は、身内や縁者を亡くした人々にとって癒やされる内容だったに違いない。温かな他界観ではないか。

一方で篤胤の師匠本居宣長は、仏教や儒教の他界観を否定するばかりか、神道においても死者は、穢《きたな》き黄泉《よみ》の国へ行くと説く。

「死に関する儒教、仏教のさまざまな教えは、みな作りごとにすぎない。真実の神道の安心《あんじん》（迷いのない境地）とは、安心がないことが安心という境地である。人は死ねばみな黄泉の国に行くのであり、儒教や仏教が入ってくる前は、ただ悲しいと思うばかりで、理屈を考える人もいなかった」（『鈴屋答問録』1777年）

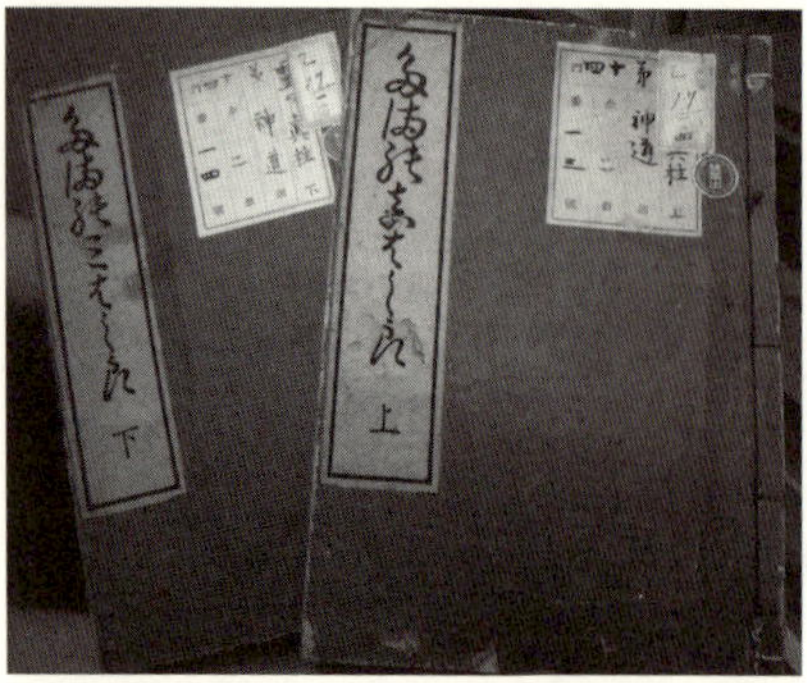

篤胤著『霊能真柱』（1813年）の表紙。人間の死後の魂の行方を論じた＝秋田県立図書館蔵

宣長の考え方は徹底しており、達観している。つまり「死者は穢い黄泉の国へ行く」のだから、悲しむしかないのだという。『古事記』の文献解釈をよりどころにした考えだ。『古事記』では、夫のイザナギノミコトが、愛する亡き妻イザナミノミコトのいる黄泉の国へ会いに行く。だが行ってみたら、恐ろしくて逃げ帰る。そうしてイザナギノミコトは「とても汚く穢《けが》れた醜い国へ行ってしまったので、禊《みそぎ》（体を水で洗い清める）をしなければならない」と語る。まさに黄泉の国は「穢れた醜い国」であった。

だが篤胤は、師匠の考えを否定した。それは文献資料以上に、民間伝承を優先的に取り入れたからだ。

民間伝承では、死者の魂が必ずしもあの世に行くとは限らない。この世にとどまることもある。あの世から、この世に来ることもできるのだ。あるいは呼び出すことが可能だと信じられていた。

篤胤は、庶民の生活や文化、歴史を知るには、限られた文献資料のみに頼るのが危険だと考えた。そのためフィールドワークによる民俗資料の収集と聞き取りを重視した。

こうして篤胤の他界観が形成される。仙人がいる世界に行ってこの世に帰ってきた寅吉の『仙境異聞』や、あの世からこの世に生まれ変わったという勝五郎の『再生記聞』などに代表される民間伝承を重視した他界観である。

それは、近代以降「民間伝承」を学問の対象としてきた民俗学が明らかにした日本の伝統的な他界観に近い。

柳田国男は述べている。「この世の中には、現世と幽冥、すなわちうつし世（この世）と隠《かく》り世（あの世）というものが成立している。隠り世からはうつし世を見たり聞いたりしているけれども、うつし世から隠り世を見ることは出来ない」（『新古文林』より「幽冥談」、近事画法社、1905年）。篤胤と類似した他界観である。

仙人の世界――老荘思想を取り入れ

20年前に多四郎の伯父といとこが、芝の愛宕山で行方不明になった。2人は異界にいる、と巫女が告げた。

その後、異界に連れ去られた多四郎をこの世に帰すよう口添えした男がいた。その男の正体が、母の推測で分かってくる…。

多四郎を自分の縁者だから帰らせてほしいと、老法師に頼んだ50歳余りの男は、きっと（多四郎の母の）義兄万屋万右衛門に違いない。

また24～25歳と見えたのは、連れ去られて20年たって成人した藤蔵だろう（万右衛門の息子）。年齢や姿から、そのように想像される。そうなると、2人は多四郎の伯父といとこだ。だから多四郎を自分の縁者だと言ったのだろう。

ここからは篤胤の状況説明。

人々は多四郎の母の話を聞いて大変驚き、本当にその通りだと語り合った。その後、多四郎は龍田神《たつたのかみ》を一層信仰し、一日も拝まない日がなかったという。

以上の話は、又兵衛や安兵衛をはじめ、その時現場にいて事の次第を目の当たりにした人々が詳しく語った内容だ。それを私が確認しながら明らかにしたのである。

篤胤は、直接現地に行って当事者から聞き取った内容を考察した。

そう言えば、篤胤より22年早く生まれた菅江真澄（１７５４〜１８２９年）も、足で歩いた学者だ。柳田国男が日本民俗学の開祖とたたえた人物。30歳ころに故郷の三河（愛知県）を離れ、信越・東北・北海道を旅し、48歳で再び秋田に来て、亡くなるまで秋田の歴史、風俗、旧跡などを記録。彩色したスケッチ画は、庶民の生活も鮮明に描いた。

司馬遼太郎が書いている。「真澄は漂泊者であった。それも永年東北を漂泊した。とくに秋田領内が気に入ったらしく、最後は領内角館郊外で病み、角館の知人宅に運ばれて息をひきとった」（『街道をゆく29』、朝日文庫、１９９０年）

篤胤も秋田で亡くなった。晩年、故郷へ思いを寄せた。55歳のころ、佐竹侯に出入りを願い、天保３（１８３２）年11月、57歳の時には水戸藩士鵜殿清虚《うどのせいきょ》を通して、佐竹家へ帰参（主人に再び仕える）のとりなしを依頼している。

だが図らずも同12（1841）年、篤胤の著作が幕府筋の忌むところとなり、著述差し止め、国元帰還を命ぜられた。そして2年後の同14（43）年に68歳で逝去。「思ふこと一つも神につとめ終えず今日やまかるかあたらこの世を」。辞世の句である。

篤胤の考察を続けよう。

考えるに多四郎が、安兵衛の家から灯をともす夕方にさらわれて、行き着いた先がまだ明るかったという。このことから、百里（400キロ）以上は、西にある国だと思われる。

「西にある」異界とは、江戸より日暮れが遅い方角だからか。だが多四郎は「ほんの少しの間」に着いたという。それで「百里以上」の移動は可能なのか。

天狗《てんぐ》に伴われて8年間異界を旅したという天狗小僧寅吉。過ごしたのは仙人の世界だった。そこは、この世と地続きの筑波山地（茨城県の中西部）の岩間山（愛宕山）。密教系修験道の霊山だ。篤胤は、寅吉が一瞬に移動できたというような異界を想像したのだろうか。

篤胤は玄学《げんがく》と呼ばれる中国の思想も研究した。それは無為自然を説く老荘思想によって儒教経典を解釈する学問だ。

そして異界に玄学を取り入れた。こうして本来は中国発祥の仙人の世界が、篤胤の描く異界の風景になった。

多四郎は連れ去られた異界を、「美しい山に来ていた。そこに寺のような所があった」と述べている。寺とは仙人がいる道教寺院なのかもしれない。

「平田篤胤大人（うし）終焉の地」の碑＝秋田市南通亀の町

生死つかさどる――篤胤が説く産土の神

異界にさらわれた多四郎を、父が神に祈って救ったという。このことについて篤胤が一考を促す。

江戸で祈る父の声が、異界にいる多四郎に聞こえたという。神のことを理解していない人は、「そんなことがあるはずはない」と疑うだろう。

だが神についてよく理解している人は決して疑わない。神の守護を確かに得て、御《み》稜威《いつ》（天皇や神などの威光）を借りれば、鬼のたぐいは神の前におびえ恐れるのだ。多四郎の事例が証明している。

漢学（儒教経学を研究する学問）に心を奪われて、不思議な出来事があり得ないと論じるのは、了見の狭い見識だ。

すべて世に聞く不思議な事例には信じられないこともあるが、信じてよいこともある。信じられないことをうっかり信じるのは、凡人にありがちだ。

信じてよいことを信じないのが、漢学に心を奪われた人である。双方とも思慮深くありたいものだ。
こうした不思議な事例は、理解できる人以外に、たやすく語るべきでない。
だが、これらについては語らないではおられず、以上の通り紹介した次第である。
文政6癸未《みずのとひつじ》（1823）年6月7日

伊吹舎主《いぶきのやあるじ》又記

篤胤は不思議な出来事を真摯《しんし》に受け止める。そして体験者をはじめ関係者から客観的に聞き取り、国内外の文献をひもときながら総合的に考察した。そして幽冥界《ゆうめいかい》（神仏の世界やあの世）の存在を実証しようとした。

『再生記聞』の全体を通して篤胤が注目したのが、産土《うぶすな》の神の存在である。生まれ変わりは、産土の神の取り計らいだと推察した。

勝五郎を生まれ変わらせたのは、白髪で黒衣姿の老人であった。その老人を篤胤は、勝五郎が生まれた多摩郡中野村（東京都八王子市東中野）に鎮座する産土の神（熊野大明神）だと考えた。

また勝五郎の姉ふさが、包丁を無くしたときに夢枕に現れたのも、やはりふさが生まれた小石川（東京都文京区）の産土の神（氷川大明神）だと判断した。

篤胤が説く幽冥界は、大国主命《おおくにぬしのみこと》が主宰し、各地のことはその土地の国魂神《くにたまのかみ》や一宮の神、氏神、産土の神が関わって村人を守護するという。

20歳で秋田藩を脱藩し、武士という支配階級を捨てた篤胤は、後に武家の養子になるものの、庶民と共に生きる一民間の学者であった。また庶民こそが、篤胤が探究する民間伝承に関わる人たちだった。市井の人々へ寄せる篤胤のまなざしは温かい。

『再生記聞』の後半は、中国などでの生まれ変わりが紹介された。そこでも生まれ変わりを導くのは産土の神（城隍神《じょうこうしん》）であり、後押しするのが、親をはじめ家族の思いや祈りだった。子を亡くし、その生まれ変わりを切に祈る親心が、生ま

平田篤胤と佐藤信淵を祀る彌高神社＝秋田市の千秋公園

れ変わりを実現させたと、篤胤は事例を根拠に説明した。

また、他の地域の神々を信仰する前に、産土の神や氏神を優先して信仰すれば、厄を祓《はら》い幸いをもたらすとも述べている。さらに他の神の祟《たた》りに遭った時でも、産土の神を信仰していれば救われるという。

篤胤はこうしていくつかの具体例を挙げながら、産土の神が人々を守護するのだと力説した。篤胤にとって産土の神は人の生死をつかさどり、生前はもちろん死後も、人々の魂を幽冥界で守り続ける存在なのである。

なお「生まれ変わり」については、確かな事実であるけれども一般的なことではなく、ごくまれな事例として捉えている。

『再生記聞』の本文の考察はここで終える。次回からは、『再生記聞』の舞台となった東京都日野市や八王子市など南多摩地方に残る、勝五郎再生譚《たん》の先行研究などを紹介していきたい。

勝五郎の素顔――幼童のよさそのまま

『再生記聞』の舞台になったのが、東京の日野市や八王子市など南多摩地方だ。日野史談会会員の故下田九一さんは、勝五郎を研究した郷土史家である。雑誌『歴史読本』の元編集長中嶋繁雄さんが、下田さんについて語っている。

「下田氏は、昭和50（1975）年現在70歳。少年期といえば大正の初めだ。下田氏の話は、はなはだビビッドな（真に迫った）雰囲気を伝える。『丁髷《ちょんまげ》の人が村に3人もいました。食べ物もヒキワリ飯（ひき割り麦をまぜて炊いた米）で、物日《ものび》（祝い事や祭りなど）にしか白いご飯は食べられなかったもんです。服装も家織《うちおり》（自家の手織り）の和服姿で、江戸時代とさして変わらない生活でした。だから勝五郎さんのことは、身近に感じられたもんです』。下田氏は、勝五郎の再生について並々ならぬ情熱を注いでいる。『私は神田の古本屋でこれを見つけたとき、非常な興奮をおぼえましてねえ』と、下田氏は奥から1冊の写本を持ち出して見せてくれた。草書体で書かれた和綴《わと》じの本だ。島田蕃根《ばんこん》蔵本と自署している。平田篤胤の弟子の一人だという。勝五郎再生についての写本は、江戸時代当時、相当流布されていたようだ」（『歴史と旅』6月号、秋田書店、1975年）

下田さんの研究のきっかけが『再生記聞』であった。なお島田蕃根（1827〜1907年）は仏教学者。天台宗本山派修験道の行者の家に生まれたが、仏教、儒教、神道を深く学んだ。

下田さんは、日野史談会の『日野の歴史と文化』に「史料からみた勝五郎とその周辺」（69年3月〜70年8月）と題し、3回に分けて論文を寄せている。その中から紹介していきたい。

「勝五郎の再生物語が江戸に伝わるのが早かったのは、そのどちらも（再生前も再生後も）旗本（将軍直属家臣）の知行所（領地）だっただけでなく、北に甲州街道の宿場で知られる日野本郷が、東に四季折々江戸の文人墨客が杖をひく慈岳山松連寺（現百草園《もぐさえん》）が所在するなど、往来の便がよかったからだろう。そしてこれとは別に、この物語は大正はじめころまで口碑（言い伝え）として郷土に伝承

大名らが宿泊した甲州街道の日野宿本陣＝東京都日野市日野本町

されていた」

次に下田さんは、仙人と暮らしたという寅吉と勝五郎を比較している。

「人々の印象に残ったものは、その性格も言動もほとんど異質ともいえる両者の相違だ。寅吉に見られるのは、大人を大人とも思わぬような悪《わる》ずれ（世間ずれ）である。これは彼の幼い頃からの境遇が、その人となりをゆがめたのだろう。がその言動が一々奇想天外で誇張もあるところから、『こやつ大人をたぶらかすつもりだ』と警戒もされた。一方の勝五郎は、家こそ貧しいが世の荒波にもまれず、幼童のよさをそのままに育ったうぶな子に過ぎない。聞かれれば、ただ自分の記憶を渋々と話すだけで、これを人が信じようが信じまいがどちらでもよかった。だから気が向かなければ、口をつぐんで話そうとしない。調べるには手数がかかり、はかどらなかったが、かえって信頼されたように思われる」

純朴な勝五郎ゆえに、発言内容に偽りのないことがうかがえる。

八王子市東中野に、勝五郎の姉ふさのひ孫故小谷田瀏《りゅう》さんの家があり、瀏さんの妻たまさん（75年当時83歳）が暮らしていた。小谷田家には、勝五郎が語った前世の記憶が伝わっていた。その話を下田さんと中嶋さんが、たまさんから聞いている。

「（前世とされる藤蔵の継父）半四郎の家でも春秋に蚕を飼い、桑畑があった。春の蚕時《かいこどき》（養蚕の盛んな時節）に近所の子供らと桑の実（土地でドドメという）採りにでも行ったときのことだろう。藤蔵は持って行った愛用の小刀を桑の木の株の上に置き忘れて来て、そのままになっていた。後年勝五郎が前世を語るとき、これを思い出してか、小刀のことを話した…」(『日野の歴史と文化』)

果たして勝五郎が語る前世の記憶は、確かだったのだろうか。

父から子へ――目籠売りを引き継ぐ

勝五郎が生まれ変わる前の藤蔵だったとき、桑畑へ桑の実を採りに行き、小刀を桑の木の株の上に置き忘れたという。郷土史家の故下田九一さんが記録している…。

「勝五郎は、『うそだと思うなら行って見ナ』と言った。そこで父源蔵は程久保村を訪れた際、半四郎（勝五郎の前世の父）とその畑へ行ってみた。半信半疑で探すうち、赤さびた小刀が、桑の木の株の上に置かれていたのには、2人とも肝をつぶしたという。この伝承はすでに程久保（日野市）には残っておらず、中野村谷津入（八王子市）の元名主（村長）小谷田家の祖母から聞いた話である」（『日野の歴史と文化』、1969年3月～70年8月）。篤胤が書いていないエピソードだ。

下田さんは同書に、勝五郎の父源蔵が、江戸にいたころのことも書いている。

「源蔵は、百姓の跡取りとして、子供のころから祖父勘蔵に仕込まれたが、どういうわけか、中途から江戸に出て、他家へ奉公するようになった。（勝五郎の母）せいと知り合ったのは、文化（1804～18年）の初めころであろう。（中略）源蔵（34歳）は朴訥《ぼくとつ》な働き者で未《いま》だ独身であり、せい（24歳）も当時としては、とうに婚期が過ぎる年になっていた。奉公中知り合った2人は、取り持つ人たちによって結ばれたものと思われる。2人にとっては、最も希望に満ちたひとときであっただろうが（中略）両親もすでに田畑仕事には無理がきかぬ年齢になっていたし、源蔵の他に後を継ぐものがいなかった」

それで源蔵が、妻を伴い帰郷したようである。

中野村に帰ってからの、源蔵の勤勉な働きぶりもうかがえる。

「村に帰った源蔵は、そのまめな体にいっそう精を出して働いた。今も彼の屋敷跡の近くの台地に、源蔵あらく（開墾地）と呼ばれる6反歩（約60アール）ほどの畑がある。全部ではないにせよ、そのころ源蔵が取り組んで開墾した広い丘畑である。源蔵の稼ぎぶりを伝える記念碑のように思えた」（『日野の歴史と文化』）

この他に源蔵は、副業として目籠（目を粗く編んだ竹籠）作りをし、地理に詳しい江戸へ売りに行って収入を得ていた。

「中野村地方には、いつのころからか、農閑期を利用した目笊《めざる》（目籠）作りの副業が盛んに行われた。これに使われる材料は野生の篠竹で、多くが山間の荒蕪地《こうぶ》（荒れ地）や川岸の藪から得られ、主に男手によって截《き》り集められた。（中略）口で言えば簡単だが、根気と熟練を要する仕事だった。（中略）晩秋のころ始められ、春耕の季節まで続くこの仕事も、暮れから早春にかけての最盛期は、ほとんど一家総がかりの忙しさで、それだけに

日銭になった。源蔵の家でも、源蔵が截り出しの役。老母つやから孫たちまで、この仕事に従事する習わしであった」(同)

こうした家庭で、勝五郎は育った。勝五郎も5、6歳ころから、見よう見まねで目籠作りを習い覚え、8、9歳には本来の器用さも手伝って、かなり上達したらしい。

文政6(1823)年4月、中野村の領主である多門伝八郎が、勝五郎と父源蔵を江戸に呼んで話を聞いた。その時の、源蔵の口述が残されている。「親子共に籠細工を作っているが、勝五郎はことさら籠細工が上手で、手ぎれいに作ることが出来る。昼夜精を出し、それに集中している」(『多門文書』)

源蔵は、家で作った目籠を仲買人に通さず、自ら江戸に運んで市中で売りさばいたという。以前江戸で奉公していたときに目を付けていたのかもしれない。この方法は利益があることから、源蔵は次第に近隣の目籠も買い集め、出荷する仲買人になった。そして江戸と中野村を

目籠を作って売りに行く勝五郎=『ほどくぼ小僧、生まれ変わりの勝五郎』より(日野市郷土資料館発行)

往復したと、『日野の歴史と文化』に下田さんが書いている。

この父の商売の仕方を引き継いだのが、勝五郎であった。

本業の農業の傍ら、目籠売りの仲買人として足しげく江戸と中野村を往復した。江戸の町については、文政6年以来、たびたび篤胤の学舎に通っていたので、地理に明るかったのだろう。

晩年の勝五郎——盗人恐れ、家に抜け穴

百姓の傍ら、目籠（竹籠）を売り歩いた父源蔵。息子勝五郎が引き継ぎ、目籠売りの仲買人になった。勝五郎は誠実で賢く、手先が器用だった。だからその目籠は重宝がられ、商いは繁盛したものと思われる。

やがて勝五郎は、屋敷内に土蔵を建立。農作業の手伝いに来た地元の人々に、穀象虫《こくぞうむし》（貯蔵穀類の害虫）の混じった米飯を出したというエピソードが残っている。土蔵に古米を蓄えていたようだ。

歴史家の中嶋繁雄さんが、昭和50（1975）年『歴史と旅』6月号（秋田書店）に、勝五郎の姉のひ孫婦人から聞いた話を載せている。当時を知る貴重な証言だ。

「ここで筆者は、ついに今年83歳になる小谷田たまさんに会い、小谷田家に伝わる話を聞くことができた。たまさんは語る。『勝っつぁんは工面が良かったでよう。土蔵を建てたほどだ。目笊《めざる》（目籠）の内職で金を貯めたようだで…』（中略）勝五郎は商売熱心で、しかも節約家の半面もあった。（中略）たまさんの実家の祖父細谷半七さんは、勝五郎と一緒に田畑へよく行った。『勝っつぁんが馬の鼻取り（馬をあやつる手綱取り）をし、祖

父さんが鋤《すき》（土を掘る農具）を持つというふうに、よくコンビを組んだものだ』」

勝五郎と親戚の半七が、仲良く働く姿が目に浮かぶ。そして勝五郎は、農閑期に目籠を作り、近隣からも買い集めて江戸へ売りに行った。

嘉永7（1854）年には、江戸の牛込神楽坂に住む吉兵衛の二男で、当時6歳になる与右衛門を、勝五郎は養子に迎えた。

だが、郷土史家下田九一さんは、「養子与右衛門夫婦は（中略）多年にわたり勝五郎が蓄えたせっかくの財を売り食いするという、ふがいない者たちであった」（『日野の歴史と文化』）と、手厳しく評する。以下同書から紹介していきたい。

それは、明治2（69）年に勝五郎が亡くなると、その後、与右衛門は家を百円で売却し、中野村谷津入（八王子市東中野）を立ち退いて、横浜へ移住したからだ。

勝五郎の生誕地（東京都八王子市東中野）＝『ほどくぼ小僧勝五郎生まれ変わり物語』より（日野市郷土資料館発行）

こうして勝五郎が住んだ家は人手に渡ったが、黒光りする柱や梁《はり》、鴨居《かもい》、建具、造作など一切が、当時のまま長らく残っていたという。

昭和44（1969）年ころ、近所に住んでいた当時86歳の峰岸浦吉さんが語っている。

「10畳に8畳、6畳が2部屋、台所は広くここで目籠や菓子等を作って横浜まで売りに行ったそうだ」

勝五郎は目籠だけでなく菓子なども作り、江戸をはじめ開港間もない横浜まで売りに行ったのだろうか。

昭和31（56）年、下田さんは、勝五郎の家を買い取った金子権六の息子小谷田良作さん（当時72歳）から、家の話を聞いている。

「良作翁の話によれば、表座敷の縁側の外には、雨戸の他に、頑丈な格子戸まであったそうで（中略）戸棚の上の天井には、天井裏に出る抜け穴があった」

勝五郎は晩年、耳が遠くなり、ほとんど聞こえなくなったと伝えられている。「つんぼ勝」などと言われた。それに時折幻覚にでも襲われたのか、甚だしく盗人を恐れ、押し入られた際、天井に隠れる抜け穴を設けていたという。

少年時代、前世の記憶を語り、「ほどくぼ小僧」などとあだ名されるほど知られた勝五郎だ。後年忘れられてきたとはいえ、やはり一目置かれる存在だったに違いない。

村の道普請の時などに、「勝や、あの話をしてくれや」と生まれ変わりの話を、村人からせがまれたとも伝えられている。

以前有名だった勝五郎は、ある程度の財産を蓄えたことで、自分は盗人のターゲットになるのではないかと恐れたのか。

あるいは耳が聞こえなくなったことで、おとなしい性格がいっそう内にこもり、妄想を抱いたのか。勝五郎本人でなければ知り得ない、孤独な内面がうかがえる。

親愛なる人間関係――篤胤の写本を大切に

新発見があった。平田篤胤が自ら『勝五郎再生記聞』を写して勝五郎本人に贈呈し、勝五郎が大切に保管していた事実が分かったのである。

2015年4月、東京都日野市郷土資料館学芸員の北村澄江さんが、府中市の「郷土の森博物館」を訪れて『小谷田異童傳』という古書を閲覧した際、それが篤胤の『再生記聞』の写本であることに気付いた。奥書《おくがき》(文書末尾の記事)には大変興味深い記述があり、新たな事実につながった(『勝五郎生まれ変わり物語調査報告書』日野市郷土資料館発行、2015年)。

奥書の内容は、以下の通りである(現代語訳筆者)。

「この書物は気吹舎《いぶきのや》(篤胤の学舎)の平田大人(篤胤)が書いて、勝五郎に贈ったものだ。今年の弥生(3月)あたりに、勝五郎の妹から話を聞き、勝五郎に少しの間借用を依頼して書き写した。原本に題名がなく、仮に『小谷田異童傳』と題して家蔵の一つにした。嘉永7(1854)年甲寅《きのえとら》の卯月《うづき》(陰暦4月)望《もち》の日(陰暦15日)懐安」

嘉永7年、勝五郎は39歳だった。篤胤は既に亡くなっていたが、篤胤から贈られた『再生記聞』を、勝五郎は大切にしていたのである。

『小谷田異童傳』の奥書は、寝る間も惜しんで学問にいそしんだ篤胤が時間を割いて書き写し、勝五郎へ贈ったことを示している。『再生記聞』の作成に協力してくれた勝五郎への、感謝の気持ちが込められていよう。

勝五郎は、自分のことが書かれた『再生記聞』を大切にしまっていたことから、同書の内容を素直に受け入れていたようにも推察される。なぜかしら勝五郎の実直で、律義な人柄が伝わってくる。また、『小谷田異童傳』の存在から、少年時代に前世を語った勝五郎と、それを著書にした篤胤との親愛なる人間関係が見えてくる。

国立歴史民俗博物館所蔵の『気吹舎日記』の文政6（1823）年癸未《みずのとひつじ》年4月の項には、「22日、勝五郎がこのころから、こちらにいる（現代語訳筆者）」

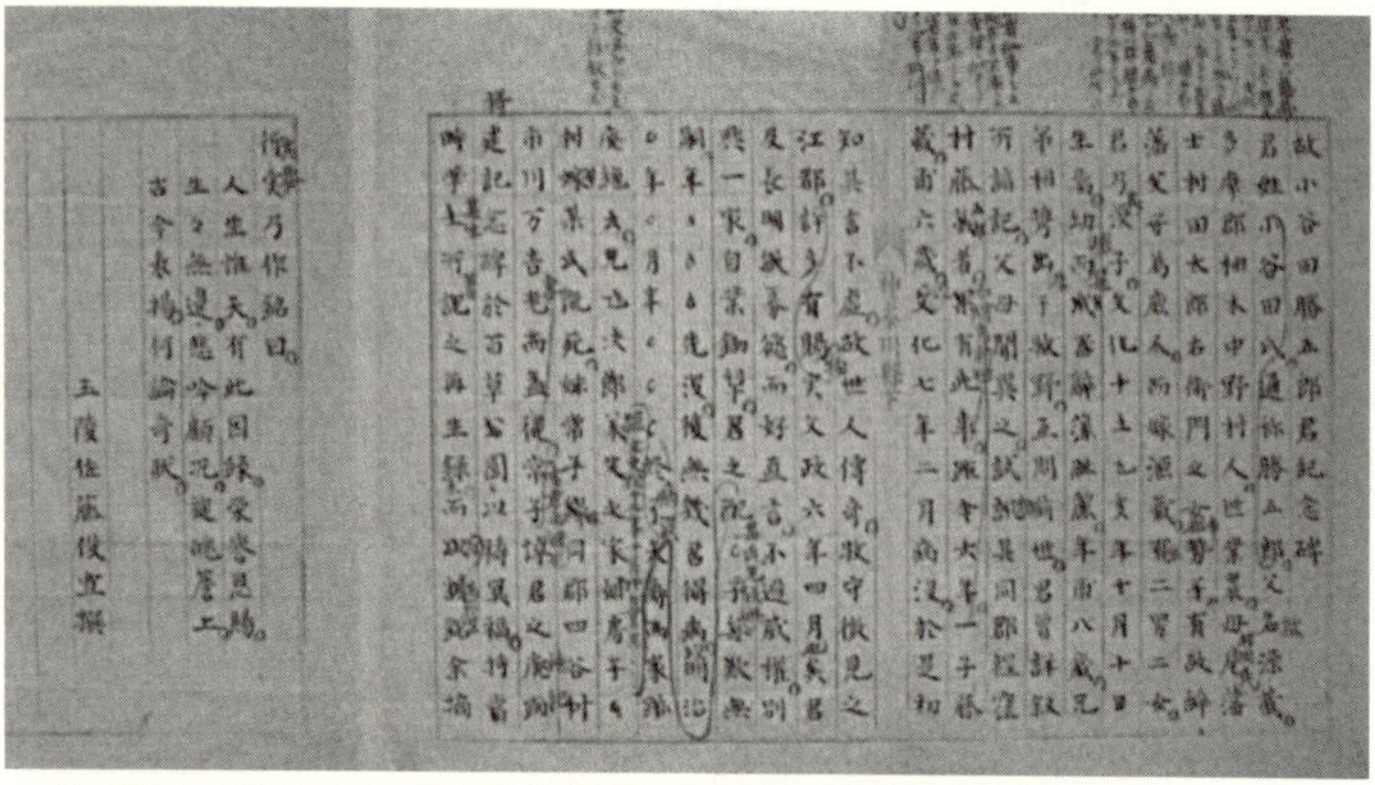

小谷田勝五郎記念碑の草稿（佐藤彦五郎新選組資料館所蔵）

と書かれている。勝五郎は数え年11歳のとき、篤胤の門人になって1年ほど学舎にいたようだ。師弟関係にあったのだ。

篤胤の下で一流の学者たちと出会い、多くのことを学んだのだろう。一般の農民の子供だったら味わえない貴重な体験である。勝五郎にとって篤胤は、忘れられない存在といえる。

奥書末尾にある署名から、勝五郎から『再生記聞』を借りて書き写したのは「懐安」と分かる。懐安は府中市小野宮の内藤治右衛門家の6代目当主重鎮だ。内藤家の当主は代々学問好きで知られた。

重鎮は、近所に住む勝五郎の妹つねと知り合いだったと思われる。そして重鎮は、つねから『再生記聞』の話を聞き、同書を勝五郎から借りて書き写したのである。

勝五郎が『再生記聞』を持っていることを重鎮に知らせたつねは勝五郎の5歳年下。勝五郎が前世を語っていたころは乳飲み子だったが、やがて成長し、兄勝五郎を慕ったようだ。

つねは、勝五郎の没後明治20年代（1887〜96年）に、勝五郎の記念碑を建立したいと発願した。勝五郎に実子がなく、養子夫婦は勝五郎が建てた中野村の家を売り払い横浜へ引っ越した。勝五郎を弔う人がいなくなるのを憂いたつねは、碑を建立し、勝五郎の生涯を後世に残そうとした。

長兄乙次郎は一家をなさないうちに早世しているので、妹にとって唯一頼れる兄が勝五郎だった。妹に慕われた勝五郎は、妹をかわいがって世話したのであろう。

つねが碑文の草稿を依頼したのが、自由民権運動家で知られる佐藤俊宣であった。俊宣は、新選組の後援者である佐藤彦五郎の長男だ。

俊宣が執筆した「小谷田勝五郎紀（記）年碑」の草稿が、佐藤彦五郎新選組資料館に保存されている。だが記念碑は、あいにく実現までに至らなかった。

子供の体のあざ――生まれ変わりの印か

江戸後期の随筆集『譚海《たんかい》』（津村正恭著）に、生まれ変わりの話が紹介されている。亡くなった子供を入棺するとき、高野山金光院の修験僧が加持祈禱して、子供の手に真言宗のお経を書いた。やがて母親が次の子を出産すると、赤ん坊の手のひらに、そのお経が書かれていたという。亡くなった子の生まれ変わりだと信じられた（『譚海』巻11）。

子供の遺体に何らかの印を付けて埋葬すると、次の子が同じ印を付けて生まれ変わるという話は、江戸時代の仮名草子（仮名の読み物）『因果物語』（鈴木正三、１６６１年）にも見られる。

そこには、印を付けた子供が、前世と異なる家に生まれたという話もある。こうした生まれ変わりを願う呪術的な行為は、主に家族の手で行われたが、修験者が関わって祈禱する場合もあった。

生まれ変わりを願い、子供の遺体に墨などで印を付ける行為は、近・現代になっても行われた。

『再生記聞』の舞台、東京都日野市程久保の小宮豊さんは、勝五郎の前世とされる藤蔵の生家を引き継ぐ子孫だ。豊さんの妻壽子さんは、五城目町大川出身。実家にいたころ、父親から生まれ変わりの話を聞いたという。

早世した叔父（父の弟）の遺体に、生まれ変わりを願って墨を塗ることにした。その時、叔父の首の後ろに墨で黒い丸を書いたのが、壽子さんの父だった。祖父から父が頼まれたのである。

それから20年後に生まれた壽子さんの妹は、偶然にも首の後ろに赤いあざがあった。そこは、叔父の遺体に墨で書いたところだった。家族は壽子さんの妹を叔父の生まれ変わりだと思った。

このように再び家族になれるなら、喜びもひとしおだろう。だが、そうはいかず、当時の身分差別社会が悲しい事例を生むこともあった。福井県大野郡北谷村（勝山市）の金持ちの一人っ子が亡くなった。両親は生まれ変わりを願って足の裏に

世界中から集めた生まれ変わり事例ファイル収蔵キャビネット（一部）＝バージニア大学医学部知覚研究所（大門正幸博士提供）

字を書いて埋葬した。だが生まれ変わった先が、かつての被差別部落だったので子供を引き取りに行けなかったという（『民間伝承』10巻3号、1944年）。

米バージニア大学医学部知覚研究所の故イアン・スティーブンソン博士の調査によると、実際にあったあざや傷痕、ほくろが、そのまま付いて生まれ変わったとされる事例がある。また死亡した際に受けた傷や手術痕などが同じところに現れたりする事例まである。

イアン・スティーブンソン博士は、生まれ変わりを語る子供の体にあるあざが、前世の傷と場所が一致するかを確かめるためカルテを調べて確認した。すべてのカルテを確認できたわけではないが、こうした事例を112例収集し、あざや先天性欠損などが生まれ変わり事例の「最有力の証拠」と考えた。

これ以外にも博士は、現代の医学や心理学の知識では説明できない現象を見つけ、具体的な証言として4点挙げている。

それは「未だ言葉といえない乳幼児の成長段階を経ずに、いきなり大人じみた話し方をする」「今まで使ったことのない言葉や単語を使う」「教えられずに文字が読める」「生後に身につけたはずのない技術を発揮する」などだ。これらも、生まれ変わりの証拠になるのか。

さて現代科学ではまだ十分に証明されていない「生まれ変わり現象」の先駆的研究者ス

ティーブンソン博士の評価はいかなるものであろうか。

1977年、『神経・精神病学誌』(Journal of Nervous and Mental Disease)でスティーブンソン博士の「生まれ変わり」研究の特集号が組まれ、反響を呼んだ。その中で精神医学界の権威ハロルド・リーフが、スティーブンソン博士のことを次のように評している。

「きちょうめんで綿密で慎重な研究者。途方もない過ちを犯しているか…、もしくは20世紀のガリレオとして、その名を知られるようになる人物だろう」

私たちの先祖は、縄文時代から「生まれ変わり」を願って信じてきた。縄文人は遺体を埋める前に、墓の中にベンガラ（酸化鉄）という赤い粉をまいたり、遺体にふりかけたりした。赤いベンガラが、魔よけと生まれ変わりをうながすと考えたからだ。

また死者の手足を、折り曲げて埋葬することが多かった。それは赤ちゃんが母親の胎内にいるときと同じ姿勢だ。死者が、再び母親の胎内に宿って生まれ変わることを願ったのだろう。

中でも幼い子供の遺体は土器に入れて、家の出入り口などに埋葬された。そうした事例が東日本に多い。これは土器を母親のおなかに見立て、亡くなった子が、再び母親のおなかに戻って生まれ変わることを祈った行為と考えられる。（秋田魁新報連載「縄文の魅力」、2014～15年）

日本列島に住んでいたアイヌ民族は、人間だけでなく動物なども「カムイ（神）」として敬った。動物が亡くなって、亡き仲間たちがいる神々の世界へ戻るとき、再びこの世に生まれ変わることを祈った。そのために最高の礼を尽くして、神々の世界へ送り帰す儀式を行った。すると再び動物に生まれ変わって、人間の世界に戻って来ると信じられた。

平田篤胤は、大国主命《おおくにぬしのみこと》が主宰する各地の産土《うぶすな》の神が、時として人を生まれ変わらせると説いた。因幡の白ウサギを救った慈悲深い大国主命である。その御稜威《みいつ》（神などの威光）を借りれば、動物も生まれ変われるのだろうか。

さて本連載は『再生記聞』を読み解きながら、「生まれ変わり現象」を通し、「魂（意識）の行方」を探究してきた。勝五郎の生まれ変わりを、小泉八雲の英訳で知ったことで「生まれ変わり現象」の研究を始めた故イアン・スティーブンソン博士。博士が開設した米バージニア大学医学部知覚研究所は、前世の記憶を持つ子供の事例が２６００件を超える。

スティーブンソン博士の後継者ジム・タッカー

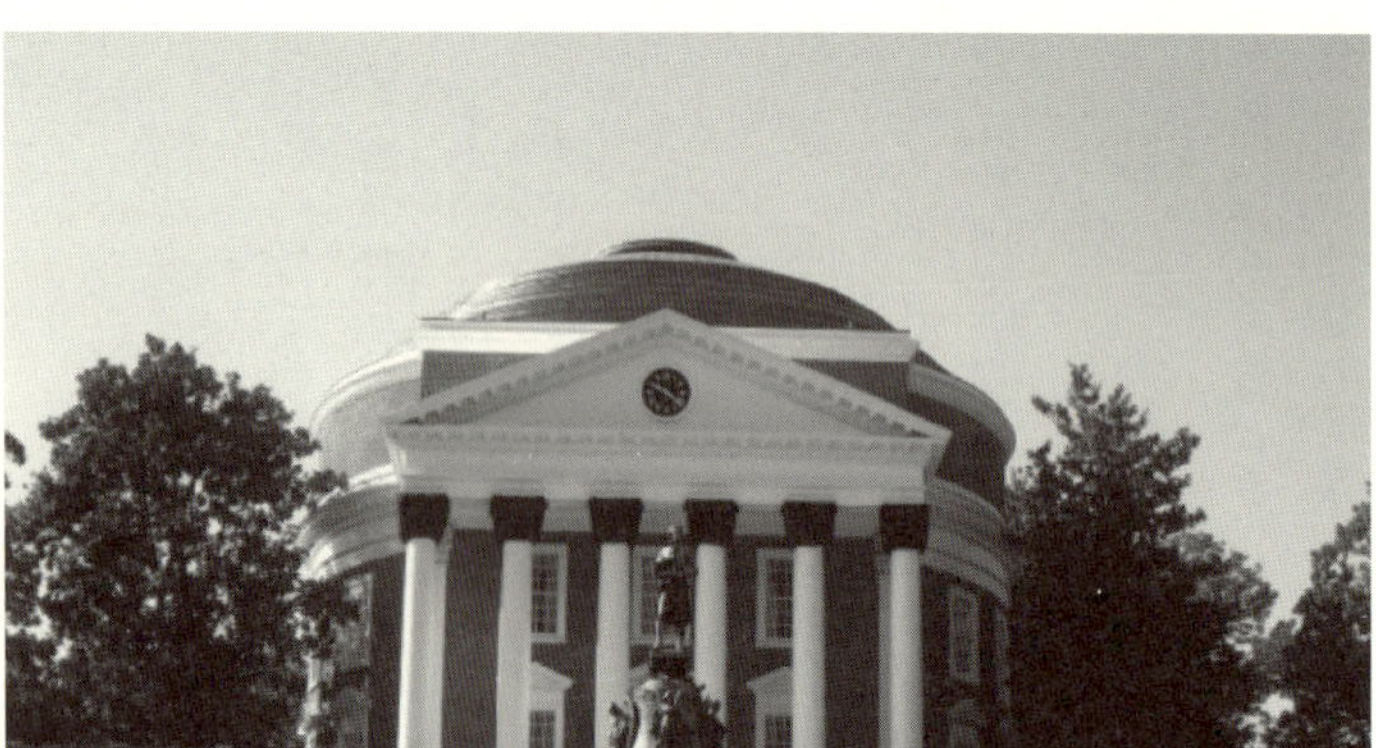

「生まれ変わり現象」の研究で知られる米バージニア大学のシンボル・ロタンダ（円形建物）＝同大客員教授大門正幸博士提供

博士は述べている。「これらの事例を研究し、われわれは確信していった。この世界には、物理法則を超えるものがある。物理世界とは別の空間に〝意識〟の要素が存在するのだ。意識はただ脳に植え付けられたものではない。おそらく宇宙全般を見る際に、全く別の理解が必要だろう。現在の宇宙観は、宇宙に物理的なものしか存在していないと考える。だがその考えを見直し、常識と異なる方法で、宇宙を見る必要があろう」（ＮＨＫ・ＢＳ１「ザ・プレミアム超常現象　第１集さまよえる魂の行方」２０１６年1月10日放送）

今、「意識の科学」と呼ばれるものが注目されている。その中心にいるのが、20世紀を代表する天才宇宙物理学者のロジャー・ペンローズ博士と共に研究を続けてきたスチュワート・ハメロフ博士だ。

アリゾナ大学意識研究センター所長のハメロフ博士は、生まれ変わりや臨死体験についてある仮説を唱える。それは脳で生まれる意識が、この世界の最も小さい物質よりさらに小さな存在だというのだ。意識は重力や時間・空間にとらわれない性質をもち、人間の脳を出入りすることがあるという。

博士は言う。「人が普通に生きている状態では意識が脳の中に納まっている。だが心臓が止まると意識は宇宙に拡散する。患者が蘇生した場合、意識は体の中に戻り、臨死体験をしたと言うだろう。しかし患者が蘇生しなければ、その情報は宇宙の中にあり続けるか、

別の生命体と結びついて生まれ変わるかもしれない。私たちはみんな宇宙を通してつながっている」（同）

「魂（意識）の行方」の探究は永遠のテーマだ。素朴な信仰から、現在、科学でアプローチできる時代に入った。だが解明しがたい研究領域に変わりない。それでも探究する人々がいる限り、未来のいつか解明される日が来るかもしれない。そしてこの研究の端を発したのが、前世を語った勝五郎であることをあらためて明記しておきたい。

■平田篤胤略伝

上級武士の子だが……——恵まれぬ生い立ち

秋田市中通の児童公園に、「平田篤胤先生生誕の地」と刻まれた、高さ3メートルほどの碑がある。そこは江戸時代、出羽国（秋田県）秋田郡久保田城下町の中谷地町と呼ばれたところだ。平田篤胤の生家があった。篤胤はここで安永5（1776）年8月24日、秋田藩士で百石取りの大番組頭・大和田清兵衛祚胤を父に、8人兄弟の四男として生まれた。幼名は正吉。8歳から儒学者・中山菁莪《なかやませいが》（藩校の初代館長）に漢学、11歳で叔父柳元《りゅうげん》に医術を学んで玄琢《げんたく》と称した。通称は半兵衛。元服後、胤行《たねゆき》。後に平田家に養子になってから篤胤と名のった。国学者として知られるが神道家・思想家そして近年、民俗学者の草分けとしても評価されてきている。

篤胤の少年期は、藩主の跡継ぎ争いで御家騒動なども起き、不安定な情勢にあった。さらに天明の飢饉（1782〜87年）の影響もあり、藩財政は困窮した。このため篤胤の父は、知行（給料）の半分以上を藩に借り上げられ、大和田家の台所は8人の子を抱えて火の車だった。

そのため二男正胤《まさたね》と五男胤秀《たねひで》は他家へ養子に出され、篤胤も15歳で同じ秋田藩士の渡辺家へ出された。だが篤胤が養子になった後、渡辺家で実子が生まれ、篤胤は次第に冷遇されていった。

居づらくなった篤胤は生家に逃げ帰ったが、家計は一層困窮した。それでも教育熱心な父は、篤胤に学問をさせた。だがゆとりのない生活のなかで学問に身が入らなかった。するとと父は、篤胤を頭が悪いと判断し、お城の出仕を許さず、雑用をさせたという。後に自著『仙境異聞』の中で、当時を回想し「自分は何という因縁の生まれだろう」と身の不運を嘆いている。

学問志し江戸へ出奔――裸一貫、命がけ

寛政7（1795）年1月8日、篤胤、20歳。二度と故郷に戻らぬと、死を覚悟で遺書をしたため出奔した。脱藩して江戸で学問をしようとしたのだった。

篤胤は後年の天保13年11月2日付の婿養子平田鐵胤《かねたね》に宛てた書簡で、20歳までの苦労を綴っている。「わが身の上を幼少から振り返るに、生まれたときから父母の手に育てられず、20歳になる1月8日に、かねてから貯めていた5百文の銭を持ち、遺書を残して出奔し江戸に出たが、頼りとするところもなく、思いの外難儀した。このことは以前話した通りだ」（口語訳筆者、以下同様）

書簡には「5百文」とあるが、鐵胤が著した篤胤の伝記『大壑君御一代略記《たいがくのきみ》』（以下『略記』と表記）には、「わずかに金1両（5百文の8倍）を持って江戸に出た」とも書かれている。持参金は、多く見ても1両であった。

江戸時代に篤胤が持参した1両を日銀金融研究所貨幣博物館の資料で、現在の値に換算すると「当時と今の米の値段で比較して1両＝約3万円」という試算になる。

篤胤の苦労多き旅立ちの様子を伝える逸話がある…。雪深い夜、篤胤は密かに荷物をま

とめ、草鞋を履いていた。そこに兄の実胤が寄ってきた。弟の気持ちを分かっていた実胤は、自分がこつこつと貯めていた小遣いを、そっと篤胤に渡し「体に気をつけるんだよ」とつぶやいた。篤胤は兄のまごころに目を潤ませ、ひそかに江戸へ旅立ったという。(『秋田の歴史』 読売新聞社秋田支局編 1965年)

だがわずかな旅費はすぐ底をつき、船賃が工面できず、命がけで川を泳いで渡ったこともあった。そうしてやっと江戸に着いたが、生きるためにいろんな仕事をした。

『略記』には、「よい師を求めて、いろんな所へ行った。学問のために使われ、あるいは生計のために雇われ(中略)艱難辛苦はたとえようがない」とある。『略記』が、すべて事実とはいえないかもしれないが、大変な苦労を味わったことは確かだろう。

当時の江戸は、外国船が近海に出没し、世間が騒然としていた。生活が困窮し、倹約令も出されて不景気な時代であった。

篤胤は車夫になって大八車を牽《ひ》いたり、火消しの仲間に入ったりもした。火消しは火事がないとき時間があるので、勉強できると考えたからだ。だが仲間の一人が親方の指示に逆らい、なぶり殺しにされる現場を見てからは、学問ができる職業でないと判断して火消し仲間から飛び出した。

ある時は、歌舞伎の5代目市川団十郎の一座に雇われた。市川家子女の家庭教師や、出《で》方《かた》といって客に座布団を出したりする仕事をしながら、その合間に浄瑠璃の勉強をした。さらに役者修業もさせられた。そのかたわら『老子』『荘子』などの漢籍や医学書、俳句・川柳も勉強した。

人生の選択――恋人をとるか、養子になるか…

歌舞伎の芝居小屋に滞在中、客の中で出会った呉服屋のおかみさんに勧められて、今度は呉服屋で働くことになった。

その呉服屋は常盤橋（JR東京駅北口周辺）のたもとにあり、仕事は飯炊きだった。篤胤は毎日火を焚きながら、深夜まで漢書を素読（音読して暗唱）した。ここには常夜灯があって夜間も書物が読めた。こうして篤胤は3年間飯炊きをしながら学問に明け暮れた。

常盤橋は江戸城入り口の一つで、5万石以上の譜代大名（関ヶ原の戦い以前からの徳川家臣）が交代で警護に当たった。そのときは、備中（岡山県）松山藩主板倉周防守だった。

板倉氏は3年前も、警護に当たったとき、お堀の向こうから素読の声を聞いた。そしてまた今度も聞いた。板倉氏は感心して家臣の山鹿流兵学者・平田藤兵衛篤穏《あつやす》に調べさせた。すると素読しているのは、飯炊きで働く秋田藩士の子大和田胤行《たねゆき》（篤胤）だった。

偶然にも篤胤は、江戸に来てから山鹿流の軍学を、平田藤兵衛から一時学んだことがあった。平田は、勉学熱心で実直な篤胤に惚れ込んでいた。

篤胤は秋田藩の大番頭である大和田家の四男。本来なら飯炊きをする身分でない。しかも平田家は兵学、大和田家は医学を家学とし、共に儒学を重んじてきた家柄である。桓武平氏の末裔でもあった。

折しも平田家では跡継ぎに決めていた養子に死なれ、新たな養子を探している矢先だった。平田藤兵衛は篤胤が三年間も飯炊きをしながら苦学していることに感心し、篤胤を養子にしようとした。そして平田は、篤胤を自宅に招き軍学を教えた。

だが篤胤は、自分を拾ってくれた恩人の気持ちに感謝しつつも養子になることをためらった。それは大志を成し遂げるために、人の家を継がないと決めていたからだ。学問一筋に生きるには、気を遣う家族が不要だと考えていた。

もう一つ養子になることをためらうには、理由があった。それは篤胤に恋人がいたからだ。さまざまな武家や商家で奉公していた時、ある旗本屋敷で親しくなった女性であった。行儀見習いをしながら奥勤めをしていた駿河（静岡県）沼津藩士石橋清左衛門常房の娘・織瀬《おりせ》だった。

篤胤は織瀬と結婚を約束していた。篤胤の伝記の一つ『系譜草稿』には、「親が許さないのを、密かに約束し合い」とある。当時、恋愛結婚は許されなかった。それが平田家の養子になることで、別の女性と結婚させられるおそれが生じた。

織瀬もまた石橋家という小身ながら武家の出身。当時すでに20歳であり、婚期が過ぎようとしていたので、親や親戚に勧められて別の相手と結婚させられることも考えられた。

厳しい身分社会の中では、家族の許しを得ないまま自分たちで婚約するなど許されない。密かな交際が知られれば非難され、養子になることさえ危ぶまれる。養子の話が持ち込まれることで、二人の関係は岐路に立たされた。

そこで篤胤は織瀬に相談した。すると織瀬は篤胤の将来を思い、平田家の養子になることを勧めた。たとえ自分は身をひいても、篤胤が平田藤兵衛の期待に応えて家督を継ぎ、生活の安定を得ることを優先させたのだった。織瀬は、何よりも篤胤の幸せを願った。

平田家の養子に――恋人とも結ばれる

平田藤兵衛に懇願され、養子縁組みの運びになったものの、まだ解決すべき課題があった。篤胤は秋田藩士の出身とはいえ脱藩者である。そのままでは養子になることはできず、後見人としての家元が必要だった。

このとき家元役を買って出たのが、同じ平田門下で軍学を学ぶ福岡藩（福岡）藩士・高久喜兵衛文吉だった。高久が篤胤の叔父代わりになった。高久は篤胤の苦学力行ぶりに感心し、人物を見込んでいたので世話してくれたのだ（『略記』）。篤胤は、高久の恩義を生涯忘れなかった（『鐵胤覚書』）。

こうして、寛政12（1800）年8月15日、25歳の篤胤は、大和田から平田姓になった。この時養父・藤兵衛は69歳だった。ここに至って平田藤兵衛篤穏の「篤」と、実家大和田家の通り字「胤」をあわせて「篤胤」と改名した。「平田篤胤」の登場である。翌16日、備中松山藩主板倉氏にお目見えし、24日、二人扶持の医師として出仕した。だが篤胤が養子になって10カ月後、養母そえが急逝。多くの門弟を抱える兵学師範の夫人が不在ではこと困った。一刻も早く家計や家事などを切り盛りする夫人を迎えねばならなくなった。

これがきっかけとなり篤胤と織瀬との縁談が急展開した。養母の49日が明けると、織瀬は平田家に嫁いだ。篤胤が養子になってほぼ一年後の享和元（1801）年8月13日のことだった。だが婚姻は順調に進まず、『系譜草稿』には、養母逝去から織瀬の嫁入りまでの間、平田家と織瀬の実家・石橋家で難しいやり取りがあった。

篤胤は「互いの親の許しがないうち自分たちだけで結婚の約束をしたため様々な辛苦を味わったが、平田・石橋双方の親の熟談により織瀬は嫁いだ（『系譜草稿』）と述懐している。この時、篤胤の叔父代わりになった高久が、双方の親との交渉にあたったと推察される。新婚生活は厳しかった。織瀬が、備中松山藩兵学師範の平田家の家政をいきなり担当しなければならなかったからだ。養母がいないため誰からも教えられず、一から模索して家事に当たった。

平田家の主な年間収入は家禄50石（五百斗）だが、収穫米の6割が百姓、4割が武士に配分されていたため、実際は50俵（二百斗）なので台所事情が厳しかった。逼迫した平田家の家計を任された織瀬は、篤胤の学問が成就することを願いながら必死に切り盛りした。

同年12月6日、篤胤の実母が秋田で亡くなった。享和2（1802）年5月20日、篤胤27歳の時には、長男常太郎が生まれた。

本居宣長没後の門人——夢で弟子になる

享和3（1803）年妻織瀬がくず屋から買い取ったくずの中に1冊の古ぼけた本を見つけ、「これは皇国の古書でございます。必ずお読みくださいませ」と篤胤に渡したという。この本こそ本居宣長が著した『古事記伝』であり、篤胤は憑かれたように読みふけった。これは井上頼圀博士（1839～1914年）が、亡父から伝え聞いたという逸話だ。井上博士は、篤胤の婿養子平田鐵胤《かねたね》に師事した国学者。後の國學院大学の前身皇典講究所を設立した1人だ。

文化4（1807）年3月16日付大友直枝（横手市の保呂羽山波宇志別神社宮司）宛の篤胤自筆書簡には、自分は宣長が亡くなった翌々年（享和3年）に、初めて宣長の名前を知り、国学の道に入ったと書かれている。

『古事記伝』に感動した篤胤は、もっと『古事記』を研究したいと願った。当時、幕府が勧める学問は儒学・漢学・仏教学などであり、公式の歴史書としては『日本書紀』が挙げられた。本居宣長の『古事記伝』が注目されるまで、『古事記』には関心が寄せられなかった。

もっとも妻が『古事記伝』を勧めたのは婚約時代で、結婚したころにはすでに国学に傾倒していたとの説もある。いずれにせよ妻が『古事記伝』を勧めたことで、篤胤は国学の研究に進み、後に荷田春満、賀茂真淵、本居宣長とともに国学四大人《うし》（学者や師匠の敬称）の一人に数えられた。ただし、この「国学の四大人」という言い方は、幕末・維新期に社会的勢力を高めていた平田派の国学者から始まったものだ。

篤胤の高弟大国隆正（1792〜1871年）が、安政4（1857）年、『学統弁論』で「神道をまことにひきおこしたる人四たりあり、羽倉春満、岡部真淵、本居宣長、平田篤胤これなり」と述べている。篤胤が生きていた当時、このような系列は納得されるものでなかった。篤胤を宣長の門人として思想的にも事実の上でも認めないとする本居門人が多かったからだ。（『平田篤胤』1863年　田原嗣郎　吉川弘文館）

だが篤胤は、自分が宣長の後継者であると自任した。篤胤が没後の門人になるため本居春庭《はるにわ》（1763〜1828年　宣長の長男・国学者）に宛てた書簡によると、品川で宣長に対面した夢を見て、そこで師弟関係を結んだという。篤胤は宣長との間に神秘的な交流が実在すると考えた。

一方で享和元（1801）年に宣長のことを知り、その門下に加わろうとしたが、同年に宣長は没し、没後の門人になったともいう。

後の文化10（1813）年に刊行する『霊能真柱《たまのみはしら》』で、篤胤は宣長を最愛の師として慕っている。「さてこの身が死んだ後、私の魂は、すぐ落ち着いた場所へ行くだろう。そこは何処かというと『亡きがらは何処の土になっても魂は翁（本居宣長）のもとへ行く』。今年先立った妻を誘い、翁の前で、この世で出来なかった歌の教えを受け、春は翁が植えた花を共に見て楽しみ、夏は青い山、秋は紅葉や月を見る。冬は雪を見てのどかに…」。篤胤は、宣長との霊的交渉を基として、宗教的境地になって書いている。

享和3（1803）年、初めての著作『呵妄書《かもうしょ》』を出版。宣長学の立場から荻生徂徠門下の儒学者・太宰春台《だざいしゅんだい》（1680～1747年　儒学者）が著した『弁道書』を批判した。『弁道書』にある日本蔑視や支那（中国）礼賛の内容に激高し、妄説として叱ったのだった。

長男は逝き、生活は窮す —— 幽冥論で師に異論

同年6月20日、1歳3ヶ月の長男常太郎が、重い麻疹に罹《かか》り世を去った。間もなく妻・織瀬の実父・石橋常房も60数歳で亡くなった。篤胤は霊の存在や、その行き着く先を説きながらも、人の世の無常に泣いたことだろう。

文化元（1804）年『伊勢物語梓弓考』を出版。国学者としての地歩を固める篤胤だったが、平田家の経済は逼迫し、70歳を越えた養父・篤穏が今なお奉公して篤胤親子を援助していた。

申し訳なく思った篤胤は、同年春、弟子をとって私塾を開いた。3人の門人から出発した真菅乃屋《ますげのや》だ。開塾の目的は、本居国学の宣揚と子弟の育成だが、経済的困窮を救うためでもあっただろう。同13（16）年塾名を気吹舎《いぶきのや》に改称。

文化2（05）年1月16日、篤胤30歳のとき長女・千枝が生まれる。千枝は長じて篤胤のよき後継者鐵胤の妻となる。

同年、『新鬼神論』を著し、神や鬼神（霊魂）の普遍的存在を証明しようとした。篤胤は孔子が鬼神の実在を信じ崇拝していたことや、鬼神は人間によって規制されず、無制限

に霊異（不思議なこと）を現すことを多くの実例によって論じた。鬼神の実在は、鬼神によるたたりが実際にあり、鬼神が人々の祭祀による信心に応えてくれることから証明した。一方で、人が生まれることは古伝説により天つ神《あまつかみ》（高天原《たかまがはら》の神）の産霊神《むすびのかみ》（天地万物を生み出す神）によるもので、死ねば霊魂は永く黄泉に行くと考え、それ以上のことは人知の及ぶ限りでないとした。

ここでは、篤胤が師匠宣長の説を否定していない。儒教の鬼神観に対し、宣長同様『古事記』に即して古代人の意識を明らかにした。

だが後の文政3（1820）年、篤胤は、『鬼神新論』で、死者の行くところを「黄泉」から「幽冥」「幽界」と改め、宣長説を退けた。死後の霊魂は大国主神が主宰する幽冥の世界へ行くと主張。そして大国主神は、来世で死者を審判する。これによって国学の幽冥観に、宗教的色彩が付け加えられた。

篤胤は次々と著作を増やしていく。篤胤の執筆は、何日間も布団で眠らず不眠不休で書き続け、食事もそのままとり、疲れが限界に来たら机にむかったまま寝て、十分眠ると起きだし、また書き続けるといったスタイルだった。

生活のため医者に──医者仲間に入らず

文化3(06)年末定稿だが『本教外編』を著述し、幽冥の存在や有神論を肯定した。文化4年、俸給米がさらに減額されたのを機に、32歳の篤胤は医業によって、経済的苦境から抜け出そうとした。「元瑞」と改名し、娘・千枝を連れて自宅から離れて転居し、医者の看板をあげた。自宅から離れたのは、養父・篤穏が医者嫌いだったからだと言われている。もともと養父は藩医の長男だったが医者を嫌い、弟に家督を譲って軍学者の平田家へ養子に入った人だった。

篤胤は養父に気遣い、家賃のかかる借家で開業した。だが思うように客が来ない。それは、篤胤が医者仲間に加盟しなかったからだ。当時、医者仲間の組合があり、しきたりや理不尽な縄張りがあった。篤胤はそれになじめなかった。そうしたことが客の取れない要因だったかもしれない。

文化5(08)年春、同年4月14日、篤胤33歳のとき二男が生まれた。その子には自分の元服時の名「半兵衛(後に又五郎と改名)」と付けたが、病弱だった。7月、篤胤は神祇《じんぎ》伯《はく》(神祇官の長官)白川家から神職への古学教授を委嘱された。

文化6（09）年、医業を廃業。文化7年、『志都能石屋』稿。文化8（11）年、12月初めより駿河国府中の門人柴崎直古《しばさきなおふる》（生没年未詳　国学者）に仮住まいし、『古道大意』『俗神道大意』『西籍概論』『出定笑語』『歌道大意』『気吹於呂志』『古史成文』、それに『玉だすき』と『古史徴』、『古史伝』の草稿など古代研究の著作を一気に書き上げた。

愛妻が逝き、神に嘆く——死後の安心論を説く

文化9（12）年8月27日、篤胤37歳のとき内助の功の誉れ高かった妻織瀬が、二人の幼子を残して病死した。31歳だった。篤胤の悲しみは深く、「天地の神はなきかも　おはすかも　この禍を　見つつますらむ」と神への憤りやるせなさを歌に詠んでいる。

同年には、『霊能真柱《たまのみはしら》』を書き上げる。それは「霊」が死後に「幽冥」へ行くことを証明するため、古伝説によって宇宙の成り立ちを説いたものだった。

同書は、本居宣長の門人服部中庸《なかつね》の『三大考』を基にして、天《あめ》・地《つち》・泉《よみ》からなる世界の成り立ちを説明したもの。その要は真の道を知って大倭心《やまとごころ》を固めるために「霊《たま》の行方の安《しず》定《まり》を知る」目的から、人は死後、本居宣長の説く黄泉に行くのではなく、大国主命が支配する幽冥に行くと説く。

人が死んだ後、霊魂はどうなるのか、という問題を解決すると、人は初めて精神の安定を得て生きていけるという。一方、宣長は篤胤と異なり、魂の行方を知ることは不要だと説く。「神道の安心は、人が死ねば善人も悪人もおしなべて、みんな黄泉の国へいく。善人だとしても良いところへ生まれることはない。これは、古書に書かれている」と力説した。

宣長は、文献に基づいた徹底的な現実主義者で、心の安心を現世における生活や心の置き方に求め、死後の世界に求めようとしない。むしろ死後の世界に求めようとする態度を、儒教や仏教に毒された考えだと批判した。

死後の霊魂の行方を知ることが、心を安定させる（大倭心を固める）ための前提条件だと主張する篤胤の安心論とは、相容れない思想だ。霊魂の行き先を要求する篤胤の宗教的思想は、国内外の膨大な書籍を読み解き思索し、民間伝承を重視しながら、天・地・泉の世界を描いていく。ここから平田篤胤の国学（平田学）が出発するのである。

『霊能真柱』は、『古事記』を改めるなど宣長とは著しく異なる方法を採った。そのため『霊能真柱』は、本居宣長の門人の間に波紋を呼んだ。篤胤の幽冥観（死後の行方）についての論考が、師匠宣長をけがしていると、本居の門人達は憤慨し、非難をあびせかけた。弟子達は篤胤を、山師とまで罵《ののし》るありさまだった。

そうした理由で篤胤は、伊勢松坂の本居門人たちから遠のく。だが篤胤の説は、出雲神道として採り入れられ、その後の神道のあり方に強く影響を与える。

『霊能真柱』を著して以後、篤胤は死後の霊が大国主命の主宰する幽冥に行くとする死後安心論を展開した。古伝説を再編集し、神道を完全な宗教としてとらえた。

文化13（16）年、篤胤41歳。4月に鹿島神宮や香取神宮などに詣で、5月には銚子周辺の諸社を巡拝し、天之石笛という霊石を見つけた（渋谷区の平田神社所蔵）。これを得たことにちなんで、家号を気吹舎《いぶきのや》と改め、大角とも名乗るようになった。

同年、同郷の洋学者佐藤信淵（1769～1850年）が篤胤に入門している。信淵47歳、篤胤40歳であった。以来、佐藤信淵は篤胤を師事し古道学も研究する。

文化14（17）年、42歳の時には、同12年のことを述べた『天之石笛記』を書いた。文政元（18）年4月13日、篤胤43歳の時、門人山崎篤利《あつとし》（1766～1838年　国学者　篤胤の著作に経済援助）の仲介で再婚したが、8月19日には離婚。11月18日、越谷（埼玉県越谷市）の豆腐屋の娘だった山崎の養女と再婚。後妻は前夫人の名を継いで「織瀬」と名乗った。この間、越谷の久伊豆神社境内に仮の庵を結んだ。

天狗小僧を養子に――異界をのぞく

文政3（1820）年10月、45歳の篤胤は、「天狗小僧」と呼ばれた寅吉に会う。10月11日、篤胤と一緒に寅吉から「風砲（小さな空気銃）」の話を聞いたのが、佐藤信淵であった。他に屋代弘賢、伴信友、国友能富などがいた。

寅吉は神仙界を訪れ、そこに住むものたちから呪術の修行を受けて帰って来たという。この異界からの少年の出現は、当時の江戸市中を賑わせた。発端は江戸の豪商山崎美成《よししげ》（1796〜1856年　随筆家）のもとに、少年が寄食したことによる。噂が篤胤の耳に入り、かねてより異界・幽冥に関心を寄せていた篤胤は、山崎家を訪問する。

以後篤胤は寅吉を養子に迎え、文政12（29）年まで9年間面倒をみる。そして篤胤は、寅吉を通じて異界・幽冥の世界を聞き出した。文政5（22）年には、寅吉の話を謙虚に聞き取ってまとめた『仙境異聞』を出版。これに対して周囲は、篤胤が寅吉を利用して都合よく証言させたと批判。だが篤胤は生真面目であり、寅吉が神仙界に戻るとき、神仙界の者に宛てて、教えを乞う書簡を持たせた。

同年『仙境異聞』に続いて『古今妖魅考』を出版。翌年の文政6（23）年4月22日には、生まれ変わったという勝五郎少年に会い、『勝五郎再生記聞』を著す。さらに勝五郎をも門人として迎える。

こうして『幽郷眞語』『稲生物怪録』など一連の霊的世界の奇譚《きたん》を世に送る。同年5月16日、後に平田篤胤のかけがえのない後継者で婿養子になる碧川篤真《みどりかわあつざね》が入門する。

本居門下との出会い――宣長の後継者に

文政6（1823）年6月28日、備中（岡山県）松山城主の板倉家を辞職。同年7月22日から11月19日にかけて関西へ出向く。著書を朝廷に献上し、若山（和歌山）の本居大平（本居門下の後継者）、松坂の本居春庭（宣長の長男）を訪ね、宣長の墓参りをする旅だった。7月22日に江戸を発つ。

8月3日に熱田神宮の参詣し、8月6日に京都に到着。光格上皇には、富小路《とみのこうじ》貞直《さだなお》（1762〜1837年　公卿・歌人）を通し、仁孝天皇には門人の六人部《むとべ》是香《よしか》（1806〜64年　関西平田派の重鎮）父子を通じて、著書を献上した。

一方で篤胤の上洛は、本居の門人たちに騒動をもたらした。既に篤胤の斬新的な著作は、本居一門に波紋を呼び、異端の門人篤胤をどう迎えるかで意見が分かれていた。

篤胤を受け入れる門人の代表が服部中庸だった。中庸は篤胤に大きな影響を与えた『三大考』の著者。そのため思想が篤胤に似ていて、篤胤を高く評価した。篤胤こそ宣長の後継者に相応しく、他のどの門人も篤胤に及ばないと言い切った。

反・篤胤派の代表は、京都の城戸《きど》千楯《ちたて》（1778〜1845年　国学者）や大阪の村田《むらた》春門《はるかど》（1765〜1836年　国学者　老中水野忠邦の師）だった。城戸は篤胤が来るに当たって妨害工作をしたという。反対派は、篤胤の著作を恣意的に解釈し、強引に理屈をつけていると批判した。

篤胤は京都で服部中庸などと交流した。ここで交流した門人たちは、篤胤を批評した手紙を本居大平に送った。大平はそれらを整理していたが、やがて人手を介して写本が篤胤に届き、後に婿養子平田鐵胤が論評と補遺を加えて『毀誉相半書』という名で出版した。かつて『三大考』をめぐる論争で、本居大平は篤胤に厳しく批判されたが、一門を取り仕切る大平が、篤胤をもてなすことになった。

訪問に先立って篤胤が送った「武蔵野に漏れ落ちてあれど今更に 寄来し子をば哀とも見よ」という歌に対して、大平は「人のつらかむばかり物言ひし人 今日あひ見れば憎くゝしも非ず」と返した。大平は篤胤に会ってみて、篤胤を憎らしくないと歌っている。（『略記』）

こうして、両者の会談は酒を交わしながらうちとけて行われた。篤胤は宣長の霊代（死者の霊の代わりとして祀るもの）の一つを、大平から与えられた。宣長の霊代は、宣長自身によって三つ用意され、一つは実子である春庭に、残る二つは後継者である大平のもとにあった。その大平が持っていた一つを篤胤に託したのだった。

霊代を託された篤胤は、宣長の後継者としての自覚を強くした。伊勢神宮を参詣し松阪を訪れ、文政6（23）年11月4日には、念願の宣長の墓参りを果たした。そのとき墓前に献じた歌「をしへ子の千五百と多き中ゆけに 吾を使ひます御霊畏し」に、自分こそが正統な後継者であるとの確信が表れている。松阪では本居春庭と会談した。こうして篤胤は目的を果たし、11月19日に帰宅した。同年、吉田家より神職への古道教授を委嘱される。

養子を後継者に――義父を支える鐵胤

文政7（1824）年、1月15日、篤胤49歳のとき、伊予国新谷藩《いよのくにおおず》（愛媛県大洲市）出身の門下生・碧川篤真《みどりかわあつざね》（鐵胤）を養子にし、長女千枝の夫に迎えた。同年3月、篤胤を最も認めていた本居門下の服部中庸が亡くなった。翌文政8年5月13日から6月27日にかけては上総《かずさ》（千葉県）地方を旅行。9月には、徳川御三家の一つ尾張藩に採用を出願している。篤胤は文政4年頃から尾張藩に近づくことを考えていたらしく、同5年には著書を献じている。文政9（26）年2月21日、51歳の篤胤は晴れて尾張藩の出入りが許された。

そのころ義父篤胤を陰で支える養子鐵胤は、各地を奔走していた。これは篤胤の出版等に関わる膨大な経費を賄う、寄付集めの旅だった。文政9年5月7日から同12（29）年6月13日にかけて上総（千葉中央部）、下総《しもうさ》（千葉北部と茨城南部）、常陸（茨城）、上州（群馬）・武州（東京埼玉と神奈川北東部）、越後（新潟）など各地を再三回っている。

交通事情が十分でない当時の旅は、並みならぬ労苦が付きまとった。義父のために献身的に駆け回る鐵胤だった。文政13（30）年、55歳の篤胤は、屋代弘賢の仲介によって尾張藩から三人扶持を支給された。その時も鐵胤は、11月11日から12月15日にかけて下総・上総へ寄付集めの旅に出た。天保2（1831）年2月6日も鐵胤は下総に向かう。

7月1日、篤胤は徳川御三家の一つ水戸藩主に御目見《おめみえ》した。藩主に直接拝謁が許されたのだ。天保3（32）年11月、篤胤は水戸藩鵜殿広生（水戸藩小姓頭。能筆家）を通じ、秋田藩への帰参の取りなしを依頼している。

篤胤、訴えられる——幕府が尋問

天保5（1834）年頃、篤胤の説く国学が、儒教や仏教、神道をそしり、独自の見解を押して世の人々を欺くものだと、江戸幕府に申し出たものがあった。これについて幕府は、お抱えの朱子学者・林大学頭（1801〜59年）に諮問した。

同年6月、林大学頭から篤胤についての意見書が幕府に答申。回答は「平田は板倉周防守の家来だが暇をとり、尾張家の威勢をかりて人を言いくるめているようだ」と酷評した。林大学頭が唱える合理的・現実的な儒教からすると、篤胤の国学は非合理的・神秘的であり、受け入れられなかったのだろう。

さらに「尾張藩が篤胤に援助していたのでは、幕府に都合が悪い」ので、篤胤の俸禄をなくすように尾張藩の家老に述べている。こうして同年11月10日、篤胤は尾張藩の扶持（俸禄）を召し上げられた。

篤胤が疎んじられる直接の原因は、篤胤の研究が公的制度設置という政治的行為に関わるようだと判断されたからだろうか。だが篤胤が直接、社会制度や政治制度の変革を唱えたことはない。研究した内容を公表したことが、政治的行為として受け止められたようだ。

篤胤には『皇国度制考』『赤県度制考』という度制（尺度）に関した著書がある。もともとは幕府役人の屋代弘賢の依頼による尺座設立に関わる基礎研究だった。

この研究について篤胤は、かつて親友であった伴信友に伝えた。信友は天保6（35）年10月8日付の書簡で、篤胤に反感を覚えている村田春門に伝え、さらに春門は老中水野忠邦に報告。すると水野は「承知しない」（10月12日付春門の日記）と述べた。（『平田篤胤』1863年　田原嗣郎　吉川弘文館）

元来親友だった信友と不和になったのは、文政2（1819）年に『古史徴』出版に当たり、篤胤が信友の未公開説を無断で「信友いわく」として引用したことによる。釈然としない信友に、篤胤が面と向かって反論したことで、両者の仲は亀裂し絶好に至った。

こうして篤胤は尾張徳川家への出入りが禁じられた。天保5年11月には、藤田東湖《ふじたとうこ》（1806～55年　後期水戸学の大成者）に書を送って、水戸の史館に採用して欲しいと願い出た。だが水戸藩から返事はなかった。水戸学も篤胤の学問も古典研究を中心に行っているが、思想的な相違がある。それは水戸学が武士という支配層の立場であるのに対し、篤胤の学問は庶民という被支配層の立場にあるからだ。

藤田東湖は会沢正志斉《あいざわせいしさい》（1782～1863年　水戸学の学者）宛ての書簡で篤胤を、以下のように評している。「平田は変わった男で言動に戸惑うが、気概については感服している。『三大考』について話すのにはあきれるが、神道を世に紹介しようと日夜研究し、著述は千巻を超える。その心意気は凡人の域を超える。だが奇癖は恨むところだ」。これが水戸藩における篤胤の評価だろう。

そして追い打ちをかけるような政治的な事件が、篤胤を襲った。天保8（1837）年6月、篤胤が高く評価している門人・生田万が反乱を起こしたのだ。生田は、天保の飢饉にあえぐ農民を救おうと死を覚悟で、桑名藩領柏崎陣屋（新潟県柏崎市）に乱入した。この時、篤胤の学舎・気吹舎に対して、生田万についての問い合わせがあった。反乱が起こった桑名藩と江戸幕府の寺社奉行からであった。折しも前年の天保7（1836）年11月に篤胤が出版した『大扶桑国考』の跋文《ばつぶん》（あとがき）は、生田万によるものだった。

秋田へ帰国命令――弁明かなわず

天保11（1840）年篤胤の著『天朝無窮暦』に、幕府天文方（天体や暦の研究機関）から尋問があった。同書は神武天皇元年からの暦を、篤胤の理論をもとに計算し直したものだ。だが暦の支配は天下の支配に通じる。改暦は公権力のみが行うものであり、民間の一学者があれこれ口出す内容でないとされた。篤胤は答弁書を提出した。同年6月、幕府から秋田藩に対して篤胤の身分についての照会があった。さらに同年7月、篤胤の門人生田万が跋文を寄せた『大扶桑国考』の絶版が、江戸幕府の町奉行所から申し渡された。

同年12月30日、幕府の老中太田備後守が、秋田藩佐竹家留守居役（江戸在住の秋田藩主の連絡折衝役）を呼び出した。そして篤胤に著述差し止め、国元へ早々帰還させるように命じた。翌天保12（41）年1月1日、幕府の命令が篤胤に告げられた。時同じくして篤胤の理解者である幕臣・屋代弘賢が亡くなった。同月11日、篤胤夫妻は江戸を出発。秋田藩の飛び地（分散した知行地）である下野国（栃木県）仁良川に4月5日まで滞在し、同月22日、ようやく久保田城下に到着した。

幕府の強制帰国令が、はからずも篤胤を秋田藩士にさせ、11月24日、旗本として召し出された。ただし俸禄はわずか15人扶持、給金10両であり、天引きがあったので実際は、14人扶持と8両だった。

以後、篤胤は著述を禁止されたが、これまでの49歳から54歳までの数年間は、特に支那（中国）や印度（インド）の古い文献の研究をし、仙人や神の存在を探究した。この時期『葛仙翁伝』『大扶桑国考』『黄帝伝記』『赤縣太古伝』『三神山余考』『天柱五嶽考余論』他数多く著し、道蔵などの経典も研究している。

天保2（1831）年の56歳頃からは、暦日や支那の易学に傾倒していく。『春秋命歴序考』『弘仁歴運記考』『三易由来記』『太昊古易伝』や神代文字などの言語と起源も研究した。

不幸にも本来、支配者が担当すべき暦学を、一民間の学者である篤胤が論じたことで、幕府のブラックリストにのってしまった。また貧民救済の義挙ではあるが、権力者に対して反乱を起こした弟子生田万の師匠としても篤胤は、吟味の対象になったのだろうか。天保の改革に向かう言論弾圧のうねりの中に、篤胤も巻き込まれていったのだろう。

国元帰還を命ぜられ秋田藩士となった平田篤胤。名目は帰藩命令だが、事実上は「江戸所払《ところばら》い（追放）」であった。

医師として活躍――晩年の篤胤

およそ50年ぶりに帰郷した篤胤には、８人の兄弟と甥や姪が待っていた。秋田藩の重職にあるものたちから招かれたり訪問を受けたりした。門人が訪ねてきたり新たに入門するものもあった。講義をすることも多く、篤胤は秋田でも多忙を極めた。

なかでも医師として頼られ、これまで病が治らず悩む人々に薬を与え、完治したものも多かった。その人々は篤胤を「神様のようだ」と敬い評した。医師としての篤胤の評判は遠近に知れ渡り、数多くの難病人が篤胤の治療を受けた。医師としての平田門人も４〜５人おり、篤胤は門下生に薬の処方を伝授した。

篤胤は老体にむち打ち、寝る間を惜しんで医師として活躍した。だが親族や門人たちは、多忙な篤胤の健康を案じた。そこで婿養子平田鐵胤が秋田に来て義父を助けたが、ついに篤胤は病床に伏してしまった。

同14（43）年9月11日、篤胤は、久保田城下の中亀ノ町（秋田市南通亀の町）の屋敷で68歳の生涯を閉じたのだった。辞世の句は「思ふこと一つも神につとめ終えず今日やまかるかあたらこの世を」である。神に対して誠にやるべきことの一つも成し遂げられず、今日にでもこの世を去らねばならないのか、という篤胤の無念さや、やるせなさが切なく伝わってくる。

没後の影響――尊皇攘夷運動へ

最晩年の篤胤は不遇だったが、武士や神官、豪農、豪商を中心として553人の門人がいた。そして1330人が没後の門人となった。ペリー来航直後、西郷隆盛も仲間を気吹舎に入門させていた。

篤胤の遺志ではないが、後に平田国学は幕末期の尊皇攘夷運動に大きな影響を与え、近代国家を支えるものとして宣揚された。余談だが島崎藤村の『夜明け前』には、藤村の父・島崎正樹がモデルとされ、王政復古を説く平田学派に傾倒し、新しい時代に希望を見出す様子が描かれている。

一方で平田国学は、国粋主義と結びつけられ、批判されることも少なくない。だが、もともとは仏教や儒教などが伝来する以前の、日本古来の精神に立ち返ろうという純粋な思想であり、戦争を鼓舞するものではない。むしろ、私たちは平田篤胤の思想から、日本人の原点を学び直すことができよう。

平田篤胤を中心とする系図

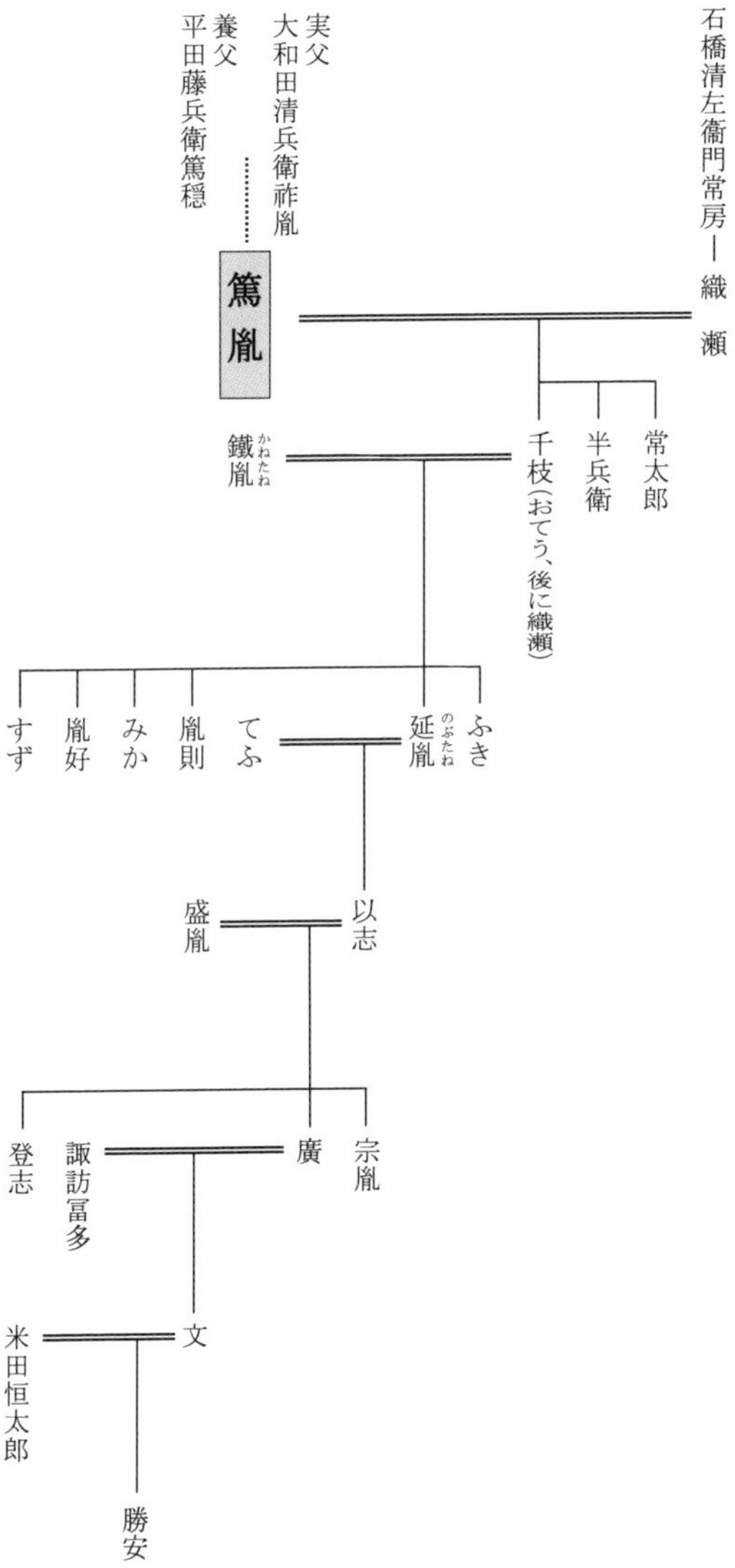

平田鐵胤《かねたね》（1799〜1880年）
幕末・明治初期の国学者・神道家。
元伊予国（愛媛）新谷藩主家来・碧川衛門八の長子。旧名碧川篤真。
平田篤胤に師事し養子に。後に秋田藩士。平田学の普及に尽力。
維新後、明治天皇侍講・大学大博士等を経て大教正に。岩倉具視と交流があった。

平田延胤《のぶたね》（1828〜1872年）
幕末〜明治時代の国学者。
平田鐵胤の長男。秋田藩士。父から国学と神道学を学ぶ。
幕末、藩内の尊王運動の理論的指導者に。
維新後は神祇権大祐《じんぎごんのたいじょう》、明治天皇侍講など。

平田盛胤（1863〜1946年）
神田明神宮司。
美濃国（岐阜県南部）郡代（代官）戸沢盛恭の子・盛定。
国学・漢学を学び、師範学校を経て東京帝国大学卒業。
平田延胤の養子になり盛胤と改名。

平田篤胤と勝五郎（藤蔵）関連年譜

年号	西暦	平田篤胤事項	勝五郎事項 藤蔵事項
安永5年	1776	8月24日 秋田藩士大和田清兵衛祚胤の4男として出羽国秋田郡久保田に生まれる	
寛政7年	1795	1月8日 江戸に出奔（20歳）	
〃12年	1800	8月 備中国（岡山県）松山藩士平田篤穏《あつやす》の養子になる（25歳）	
享和元年	1801	8月13日 石橋織瀬と結婚（26歳）	
〃2年	1802	5月20日 長男常太郎が生まれる	
〃3年	1803	6月20日 長男常太郎が死去 本居宣長の没後の門人になる（28歳）	
文化元年	1804	私設の学舎「真菅乃屋《ますげのや》」を開く（29歳）	
〃2年	1805	1月16日 長女千枝が誕生（後の婿養子鐵胤の妻）	小谷田勝五郎の前世とされる（須崎） 藤蔵が生まれる
〃3年	1806		8月27日 藤蔵の実父久兵衛（藤五郎）が死去 半四郎が藤蔵の継父になる
〃4年	1807	医業を兼業	
〃5年	1808	二男半兵衛（又五郎）が生まれる	

〃6年	1809			2月4日	姉ふさが生まれる
〃7年	1810				藤蔵が死去（6歳）
				8月27日	兄乙次郎が生まれる
〃9年	1812	8月27日	妻織瀬が死去（31歳）		
		12月5日	霊魂の行方を論じた書『霊能真柱《たまのみはしら》』を著す		
〃10年	1813	3月	『霊能真柱』刊行		
〃12年	1815	4月19日	大病にかかり貧困に悩む。同郷の佐藤信淵が入門する	10月10日	母せいが江戸へ奉公に。だが勝五郎を身ごもっていることが分かり戻って来る 後に前世を語る小谷田勝五郎が生まれる
〃13年	1816		学舎を「気吹舎《いぶきのや》」と改める（41歳）		
			二男又五郎が死去（9歳）		
文政元年	1818		りよ（後の織瀬）と再婚（篤胤43歳）		
〃3年	1820	10月	天狗小僧寅吉に初めて会う		妹つねが生まれる
〃5年	1822		天狗のもとで修行した寅吉少年が語る異界の様子を『仙境異聞』に著す（47歳）		藤蔵の13回忌
		5月16日	後に篤胤の婿養子になる碧川篤真（鐵胤）が入門	11月	前世の記憶を語る（8歳）

年	西暦	勝五郎	篤胤
〃6年	1823	1月20日 祖母と一緒に、程久保村にある前世の家を訪問する（9歳） 4月5日 勝五郎が住む中野村の領主多門伝八郎が、源蔵と勝五郎親子を江戸に呼び、話を聞く（26日まで滞在） 4月19日 多門伝八郎が幕府の御書院番頭に、勝五郎の父から聞き取った調書を提出 4月21日 勝五郎親子が招かれて江戸駒込の西教寺を訪問 4月26日 源蔵と勝五郎親子が中野村に戻る 7月9日 源蔵が勝五郎とその兄・姉を連れて篤胤の学舎気吹舎を訪れ、3日間滞在 篤胤は留守だったため門人たちが話を聞く	多門伝八郎宅を訪ねたが、勝五郎が不在で会えなかった 4月22日 篤胤が気吹舎で勝五郎と初めて会う（23日と25日も通う） 6月 『勝五郎再生記聞』を著す（48歳） 7月22日 関西旅行に出発（11月19日まで） 8月 京に着き、公家で歌人の富小路治部卿を通して著書を仁孝天皇と光格上皇に献上

〃7年	1824	1月15日	『勝五郎再生記聞』は御所で読まれ、天皇をはじめ女房たちが大変な興味を示した
			著書は10月になってようやく戻ってきた
			碧川篤真（鐵胤）が篤胤の養子になり、長女千枝と結婚（篤胤49歳）
〃8年	1825	8月26日	源蔵と勝五郎親子が気吹舎へ行く。勝五郎が篤胤の門人になる（以降、気吹舎に寄宿か）
〃9年	1826	3月25日	越谷に行く（越谷に気吹舎の有力な門人山崎篤利がいた）
		7月21日	勝五郎が気吹舎へ行く
		7月22日	勝五郎が気吹舎へ行く（以降「気吹舎日記」に勝五郎の記載がない）
天保3年	1832	11月	水戸藩の鵜殿広生を通して、秋田藩への帰参の取りなしを依頼（57歳）
〃5年	1834	9月21日	祖母つやが死去
〃8年	1837	6月	平田門人・生田万の乱が起こる
〃9年	1838	4月19日	藤蔵の継父半四郎が死去
〃11年	1840		著書『天朝無窮暦』が江戸幕府の暦制を批判したとされ糾問される（65歳）
		6月	幕府から秋田藩に対して篤胤の身分について照会

		7月　生田万の跋文がある篤胤著『大扶桑国考』の絶版を町奉行所から申し渡される	
〃12年	1841	1月1日　幕府から著述差し止め、国元秋田へ帰還を命じられる（66歳）	
〃14年	1843 閏年	9月11日　死去（68歳）	12月20日　藤蔵の母しづが死去（63歳） 母せいが死去（59歳） この頃か　勝五郎（29歳）と妻まん（23歳）が所帯をもつ（天保14年「中野村人別帳」）
年月不詳			12月　姉ふさが、隣家の造り酒屋「十一屋」の小谷田市兵衛に嫁ぐ
嘉永元年	1848		12月28日　なみと再婚（勝五郎34歳）
〃2年	1849	7月23日　徳川家斉7回忌により御赦免となる	
安政2年	1855		11月　父源蔵が死去（80歳）
明治元年	1868		12月4日　養子与右衛門（20歳）が、さく（20歳）と結婚
〃2年	1869		12月4日　死去（55歳）

参考…勝五郎生まれ変わり物語探求調査団編集『ほどくぼ小僧勝五郎生まれ変わり物語 調査報告書』
田原嗣郎『平田篤胤』（人物叢書）

主要参考文献

平田篤胤著『勝五郎再生記聞』日野市郷土資料館所蔵　安政2（1855）年の写本

田原嗣郎著『平田篤胤』平成8（1996）年　吉川弘文館

日野市郷土資料館編『ほどくぼ小僧勝五郎生まれ変わり物語』平成20（2008）年

日野市郷土資料館編『日野市郷土資料館紀要第3号』平成20（2008）年

たましん地域文化財団発行『多摩のあゆみ第131号』平成20（2008）年

勝五郎生まれ変わり物語探求調査団編『ほどくぼ小僧生まれ変わりの勝五郎』　平成24（2012）年

勝五郎生まれ変わり物語探求調査団編『ほどくぼ小僧勝五郎生まれ変わり物語調査報告書』平成27（2015）年

伊藤裕著『織瀬夫人伝』昭和61（1986）年　彌高神社・平田篤胤佐藤信淵研究所

吉田麻子著『平田篤胤　交響する死者・生者・神々』平成28年（2016）年　平凡社

あとがき

東日本大震災で、にわかに多くの命が失われた。命とは、常に死と隣り合わせなのだろうか。いずれ誰もが、迎えなければならない死とは、肉体が滅び無になることか。霊魂はあるのか。仮に存在したなら、人は癒やされよう。死への不安が和らぎ、死にゆくものは心安らかに、残された人々は一縷の望みを託すだろう。

平田篤胤は、民間伝承や国内外の書籍を通して霊魂について研究した。「魂は永遠にあり続ける。この世から、死者の世界は見えないが、死者の世界からこの世が見える。時としてこの世に、死者の霊魂が生まれ変わる」と。

篤胤の説を裏付けたのが、今からおよそ200年前に武州多摩郡中野村（東京都八王子市）に生まれた勝五郎少年だ。前世を語り、その内容が事実と一致したことで人々は驚愕した。

勝五郎の生まれ変わり話は、小泉八雲の翻訳で海外にも紹介され、米国の名門州立大学であるバージニア大学医学部精神科の主任教授イアン・スティーブンソン博士によって「生まれ変わり」研究が始まった。同大学の調査では、「生まれ変わった」という前世の記憶をもつ子供の事例がおよそ2600件。「生まれ変わり」は、勝五郎だけでなかった。『勝五郎再生記聞』の著者平田篤胤を私が初めて知ったのは、昭和52年の早春。秋田市の「篤胤終焉の地」にある旧士族の家に偶然下宿した時だ。そこは晩年の篤胤が、2年過ごした土地だった。それから40年経った今、同書を読み解きながら霊魂の行方を探った。

1年にわたる秋田魁新報の連載では、勝五郎の前世とされる藤蔵の生家当主小宮豊さんご夫妻や、バージニア大学医学部知覚研究所客員教授の大門正幸博士（中部大学教授）から温かな励ましと親身なご指導をいただいた。また連載担当のデスク生内克史さんが、誠意を込めて編集してくれた。各位のお蔭で連載が終了できた。厚く感謝申し上げたい。

「霊魂の行方」の探究が、科学でアプローチされる時代になった。だが永遠のテーマに変わりない。果たして霊魂は実在するのか。解明される日を待ち望む人々は少なくないだろう。

2017年5月

築瀬　均

【簗瀬均（やなせ・ひとし）】
1958年湯沢市生まれ。慶應義塾大学文学部卒業。放送大学大学院修了。2003年4月～2005年3月、東北大学大学院文学研究科で大藤修教授から近世史を学ぶ。現在、小学校教員。08年長年にわたる地域の先人研究により山下太郎地域文化奨励賞。著書に「村守る、命かけても一聖農高橋正作・伝」「横綱照国物語」など。

魂のゆくえ
—平田篤胤『再生記聞』を読む—

著　　者	簗瀬　均
発 行 日	2017年5月21日
発　　行	秋田魁新報社 〒010-8601 秋田市山王臨海町1－1 Tel. 018(888)1859　Fax. 018(863)5353
定　　価	本体1500円＋税
印刷・製本	秋田活版印刷株式会社

乱丁、落丁はお取り替えします。
ISBN978-4-87020-391-4 c0095 ¥1500E